本书由复旦大学文史研究院
香港城市大学中文及历史学系
京都大学文学研究科合作整理

商务印书馆（上海）有限公司 出品
The Commercial Press（Shanghai）Co.Ltd

京都大學藏苗圖五種

复旦大学文史研究院图像文化史系列

〔日〕田中和子　木津祐子　主编

商務印書館
创于1897 The Commercial Press

图书在版编目（CIP）数据

京都大学藏苗图五种 /（日）田中和子，（日）木津祐子主编. — 北京：商务印书馆，2022
（复旦大学文史研究院图像文化史系列）
ISBN 978－7－100－20301－2

Ⅰ. ①京…　Ⅱ. ①田…　②木…　Ⅲ. ①苗族 — 少数民族风俗习惯 — 贵州 — 图集　②苗族 — 少数民族风俗习惯 — 云南 — 图集　Ⅳ. ①K892.316-64　②K892.474-64

中国版本图书馆 CIP 数据核字（2021）第175915号

京都大学藏苗图五种

〔日〕田中和子　木津祐子　主编

封面题签：宇佐美文理

商　务　印　书　馆　出　版
（北京王府井大街36号　邮政编码 100710）
商　务　印　书　馆　发　行
上海盛通时代印刷有限公司印刷
ISBN　978－7－100－20301－2

2022年2月第1版　　开本 787×1092　1/16
2022年2月第1次印刷　　印张 31½

定价：680.00元

中文前言

本书是由复旦大学文史研究院、香港城市大学中文及历史学系，以及京都大学文学研究科三校合作完成的联合研究成果。在此我们想简单介绍一下这一三校联合研究开展的缘起。

这一联合研究源于2013年3月复旦大学文史研究院与京都大学文学研究科间开展的学术交流活动，2016年香港城市大学加入进来，现在也在继续进行，是从事东亚人文研究的博士生之间进行研究交流的论坛。第一届论坛还是只有两校11名学生参与的小规模研讨会，而到2019年春天的第七届论坛时，已经发展到有三校共43名学生参与其中，并同时举办了此项联合调查的报告会了。这一论坛，即“东亚人文研究博士生研讨会”，是以学生们每年轮流到各大学进行访问，在进行学术报告的同时也参与会议组织这一方式来举办的。学生们作为肩负未来学术界的青年研究者，可以同时体验研究会的嘉宾与主办方两种身份。比如，京都大学作为主办方时，在研究讨论会结束后，由京都大学学生组成的实行委员会还举行了以“京都讲座”为题、介绍京都的历史和风土等内容的小型讲座，并依其内容在京都市内及郊外做了实地考察。2019年3月，在复旦大学举办的第七届论坛中，参加过历年研讨会的前辈们又作为评议人再次赴会，这件事格外令人印象深刻，这也正表明三校之间的学术交流活动，并不仅仅是每年参加一次就结束的一次性活动，而更是为世代传承打下了深厚的基础并迈入了新的发展阶段的象征。

这一交流活动从最初开展时起就与一切官方的（或者也可以说与官僚相关的）方针无关，是以复旦大学文史研究院的葛兆光教授与京都大学文学研究科的平田昌司教授的友谊为基础而开始的，后来香港城市大学中文及历史学系加入之际，也同样是基于该校李孝悌教授与两位教授之间的信赖关系。正因为这一学术交流活动是自发且友好地开展进行的，才能在参与其中的青年研究者间构筑起温暖且能够相互扶持的友谊。

在三校间信赖关系的基础之上，2018年3月举办的第六届论坛中，主办方京都大学提出，为了进一步加深目前已经进行了六年的三校学术交流，在未来每年举行一次研究发表会的同时，是否能够加入三校共同研究与调查等形式。这一提议当场就获得了复旦大学与香港城市大学方面非常积极的回应，并首先决定对京都大学收藏的文物与历史文献资料进行联合调查。2018年8月20日至22日，三校一起对分藏于京都大学附属图书馆、综合博物馆和文学研究科图书馆中的数种中国古地图，以及苗图五种进行了实物考察，而后三校将本年度的调查对象定为苗图五种。三校在剩余时间里对苗图五种的基本情况进行了初步调查工作，随后各校以电子图像为基础，在商定好的基本写作方针之下分别进行提要的撰写，京都大学方面还进行了全面的资料实测工作。在撰写的过程中，复旦大学文史研究院的段志强老师也做出了巨大贡献。

关于京都大学收藏的苗图五种的详细情况，可以参看收录于本书中各篇提要。我们在此想特别从收藏体系的角度对文学研究科地理学讲座收藏的三种苗图部分做一下简单的介绍。

京都大学文学研究科图书馆收藏的四种苗图中有三种都是由地理学讲座收集的。地理学的图书旧分类表（很可能是讲座自1907年设立至1974年以前所使用的分类）中，地志类以F（世界）、J（日本）、K（中国）这三种记号分为三大类。F以世界为对象，其中又细分为F1（世界地志）、F2（欧洲）、F3（亚洲）、F4（非洲）等。与这种分类方式不同，以日本和中国为对象的地志被赋予了单独的分类记号，这也明确显示出地理学讲座对这两个地域相关的地理学的重视。中国地志的分类记号为K1至K8，分别为全志、通志、府志、县志、纪行·日志、中国天文历学、中国地图类、“满洲关系”书。天文历学和地图类在分类名称前冠以“中国”字样，并不只是为了避免与其他分类条目发生重复，还应该有出于对其固有特征的考虑。

大正三年（1914）和四年（1915），地理学讲座收集的三种苗图都被登记在上述分类表中的K7，即中国地图类中。根据地理学教室中留存的图书卡片来看，被分类在K7中的资料共有120多部。其中包括朱思本撰《广舆图二卷》（嘉靖四十年［1561］，嘉靖四十五年［1566］序）等，除中国制地图外，还有李希霍芬（Richthofen）和斯文·赫定（Sven Hedin）等制作的地图，以及《北京皇城图》（江都崇文堂，前川六左卫门版）（日本宝历二年［1752］）等日本制地图。其涵盖内容也多种多样，暂不提地志记载与地图组合形式的《皇明职方地图三卷》（崇祯九年［1636］序），其收藏中还有《医方大成论抄二卷》（日本元和九年［1623］）、栎窓多纪《素门识八卷》（日本天保八年［1837］）等看起来与中国地图和中国地志关联性较弱的资料。值得注意的是，其中还收藏有好几部如《御览西湖胜景新增美景全图》和《黄河图》（1轴）这样描绘风景的绘画资料，刊载有135枚名胜照片的山根倬三所著《长江大观》（1916）等画像资料。这一分类表从非常广义的角度来把握地图概念，这一点也颇有意思。

从多样性这一角度来看的话，苗图被分类在K7地图类中也并没有那么不自然。因为一般而言，苗图包含了与苗族聚居地相关的地志记载要素，以及描绘苗族在本土自然环境中的生活的绘画要素，因而对了解中国各种各样自然景观与文化景观来说是非常珍贵的资料。

最后，关于将苗图提为调查对象的重要契机，我们想介绍两个小故事并以此结束本文。

第一个小故事是关于京都大学附属图书馆所藏苗图中的《进贡苗蛮图》的。为了撰写《京都大学附属图书馆所藏贵重书汉籍抄本目录》（兴膳宏、木津祐子合著，京都大学附属图书馆，1995）而进行资料调查时，我们注意到了这部苗图的存在，虽然它并不符合严格的汉籍抄本定义，但因其文本部分具有地志文献特征且含有一枚枚色彩鲜艳并绘有金泥的生动画帖而引起了兴膳教授的重视，特别将此书也收录在了目录里。这之后，具体是哪一年我们记不太清了（因为当时兴膳教授还在职，应该是2000年以前的事情），当时我们刚好和来京都大学访问的葛兆光教授提起了这本《进贡苗蛮图》，并与其他贵重书籍一起请他浏览过目。虽然那时时间有限，只能翻开数页即止，但我们清楚地记得，葛教授指出这本苗图恐怕是明清时期西南民族研究的重要资料。后来，在地理学讲座收藏的汉籍中也发现有同样的苗图。2015年11月，葛教授和复旦大学戴燕教授因演讲而再次光临本校时，我们又请他再次对文学研究科图书馆收藏的三种苗图（地理学讲座收藏部分）亲自过目，他指出这三种苗图中有好几帖是当时已经出版的苗图相关研究的书中没有介绍的，或者画面构图不同的。他还鼓励我们对这些藏书展开进一步的研究。

这之后两个月，即2016年1月，作为中国古地图联合研究企划的一部分，我们在接待台北“故宫博物院”图书文献处的卢雪燕老师之时，卢老师希望能够阅览的资料之一便是苗图，我们请她看了收藏于地理学讲座中的苗图《黔省苗图》。卢老师在看到《黔省苗图》后立刻说道：“封面装帧所使用的锦是清朝宫廷所用的，所以毫无疑问这本苗图是从宫廷中流出的贵重物品。”此外，她还指着题签说：“书题的下方写有‘一’这一数字。也就是说，还应该存在写有‘二’之后数字的书册，虽然目前尚不清楚它们在哪里。”另外她还提到“结合其他苗图来看，这本苗图与藏在台湾的苗图画像有所不同，因此有必要进行比对调查”。

如今回头再看，葛老师和卢老师为我们明确指出苗图作为文献资料的贵重性与谱系调查、比较研究的必要性这件事，与后来发展为三校联合进行的苗图调查，这二者是联系在一起的。在此对两位老师表达深深感谢的同时，我们也想对两位老师的慧眼重新致以敬意。

2019年9月

京都大学文学研究科
田中和子、木津祐子

日文前言

本書は、復旦大学文史研究院、香港城市大学中文及歴史学系、そして京都大学文学研究科の三校による最初の合同研究成果である。この合同研究を始めるに到った経緯をここに簡単に説明しておくこととしたい。

この合同研究の母体は、2013年3月に復旦大学文史研究院と京都大学文学研究科との間で始まり、2016年に香港城市大学が加わって今も継続中の、東アジア人文学研究に従事する博士課程学生間の研究交流ワークショップである。第1回討論会は、両校11名という小規模なものであったが、2019年春の第7回大会では、三校43名が研究報告を行うまでに発展した。このワークショップ「東アジア人文学博士課程学生研究討論会」は、輪番制で毎年それぞれの大学を訪問し、学生たちも企画運営に参加しながら開催される。学生たちは未来の学術界を担う若手研究者として、討論会のゲストとホスト、双方の役割を体験する。例えば、京都大学がホストとなる際には、研究討論会終了後に、実行委員会を組織した学生たちによって「京都講座」と題して京都の歴史や風土を紹介するミニ講義を開き、その内容にそって、京都市内や郊外の野外巡検を行うのが通例となっている。2019年3月復旦大学で開催された第7回討論会で印象的であったのは、これまでの討論会に参加経験を有する先輩達が、コメンテーターとして再び討論会の会場に駆けつけてくれたことである。この三校学術交流が、参加学生たちにとって、年中行事への参加という単発的なイベントに終わるのではなく、世代間の継承という形で確かな根を下ろし、新たな発展のステージに入ったことを象徴するであろう。

そもそもこの交流は、当初発足の段階から、一切の公的（或いは官僚的といってもよいかもしれない）力学が関与していないことに触れねばならない。復旦大学文史研究院葛兆光教授と京都大学文学研究科平田昌司教授との交友関係を基礎として始まり、後に香港城市大学が参入する際も、同校で中文及歴史学系発足に尽力された李孝悌教授との信頼関係がその紐帯の要にあった。このように、自発的かつ友好的に始まった学術交流であったからこそ、参加する若手研究者の間に、暖かく相互扶助的な友情関係を構築する土壌を培うことができたのである。

このような三校間の信頼関係の元、2018年3月第6回研究討論会において、開催校の京都大学から、この6年間の三校学術交流をさらに深めて、年に一回の研究発表と並行して、共同研究や調査などにも取り組む形に発展できないだろうか、という提案を行った。その場で復旦大学・香港城市大学から非常に積極的な賛同の声をいただき、まずは、京都大学所蔵文物・史的史料の共同調査を実施することとなった。2018年8月20日から22日、京都大学の附属図書館、総合博物館、文学研究科図書館に分蔵される「中国関連古地図」数種、及び苗図五種を実見し初歩的調査を行った。その上で、本年度の調査対象を苗図五種とすることを決定、残る時間で、苗図五種の基本的な書誌情報を分担して収集し、後は、画像データに基づいて、一定の基本方針のもと、各校において提要執筆を行った。この提要執筆上の基本方針を作成するに当たっては、復旦大学文史研究院段志強先生の大きな貢献があったことを忘れる訳にはいかない。

さて、この京都大学所蔵の苗図五種についての詳細は、本書に収録される個々の提要をご覧いただきたいのであるが、ここで、文学研究科地理学講座所蔵の苗図三種について、その所蔵体系の側面から一言言及しておくこととする。

京都大学文学研究科図書館所蔵四種の苗図のうち三種は、地理学講座が収集したものである。地理学の図書旧分類表（おそらく講座が創設された1907年以降から1974年以前に使用された分類）では、地誌類は、F（世界）、J（日本）、K（中国）という3つの記号を付して大分類されていた。Fは世界を対象とし、F1（世界地誌）、F2（ヨーロッパ洲）、F3（アジア洲）、F4（アフリカ洲）などに小分類されていた。こうした区分とは別に、日本と中国を対象とする地誌に独自の分類記号が与えられていることは、両地域にかかわる地理学が重視されていたことを明確に示している。中国地誌は、K1からK8まで、それぞれ全誌、通誌、府誌、県誌、紀行・日誌、中国天文暦学、中国地図類、満州関係書に小分類されていた。天文暦学と地図類に中国の文字が冠されているのは、他の分類項目との重複を避けるだけでなく、それらが有する固有の特徴への配慮であろう。

大正3年（1914）と4年（1915）に、地理学講座が収集した苗図三種はすべて、この内のK7、つまり中国地図類として図書登録されている。地理学教室に残る図書カードによると、K7として分類された資料は120点余りある。これらの中には、朱思本撰『廣輿圖2巻』（嘉靖40［1561］，嘉靖45［1566］の序）といった、中国製地図だけでなく、RichthofenやHedinによる地図、『北京皇城圖』（江都崇文堂 前川六左衞門版）（日本・宝暦2［1752］）などの和製地図も含まれる。内容も多種多様で、地誌的記載と地図が組み合わされた『皇明職方地圖3巻』（崇禎9［1636］序）はともかくとして、『醫方大成論抄2巻』（日本・元和9［1623］）や櫟窓多紀『素問識8巻』（日本・天保8［1837］）

など、中国地図とも中国地誌とも関わりが希薄な資料も含まれる。注目されるのは、『御覧西湖勝景新増美景全圖』や『黄河圖』（1軸）のような景観を描く絵画資料や、名所写真135枚を掲載する山根倬三『長江大観』（1916）といった画像資料も数点含まれることである。地図概念が非常に広く捉えられていることが興味深い。

この多様さを考えると、苗図がK7に分類されたのもさほど不自然ではない。というのは、苗図は、一般に、苗族の居住地に関する地誌的な記載という要素と、苗族の人々が暮らす自然環境のなかで彼らの生活を描くという絵画の要素を含み、中国のさまざまな自然景観ならびに文化景観を知る上で、貴重な資料だからである。

最後に、この苗図を調査するに到る重要なきっかけとして、二つのエピソードを紹介し、本小文を終えることとしたい。

附属図書館所蔵の苗図『進貢苗蛮図』については、1995年に公刊した『京都大学附屬圖書館所藏貴重書漢籍抄本目錄』（興膳宏・木津祐子共著、京都大学附屬圖書館）の為の調査の際に、その存在を目にし、厳密な漢籍抄本という定義には当てはまらない図幅ではあったが、その文字部分の地誌的性格と鮮やかでかつ金泥を含む鮮やかな一枚一枚の画帖を興膳教授が重視され、特にその目録に収載することとしたのであった。その後、何年のことであったか記憶が不鮮明ながら（興膳教授が在任中だったので2000年以前のことであったのは間違いないのだが）、折しも京都大学を訪問された葛兆光教授にこの『進貢苗蛮図』についてお話をし、他の貴重書類と合わせてご覧いただいたことが有った。その時は、時間的な制約もあり、数葉を開いたに止まったのであったが、葛教授が、これは恐らく明清期の西南民族研究に重要な資料となると指摘されたことは記憶に鮮明である。その後、地理学講座所蔵の漢籍に同様の苗図が存在することが明らかとなった。2015年11月、本学に講演の為立ち寄られた葛教授と復旦大学戴燕教授に、再度、改めて文学研究科図書館所蔵の苗図三種（地理学講座所蔵分）を実見していただいたところ、その時までに公刊されていた苗図関連の研究書の中には含まれない、或いは画像イメージの異なる帖が幾つか含まれることを指摘された。そして、これらの蔵書について、一歩踏み込んだ研究をするようにと奨励されたのである。

その翌年の2016年1月、中国古地図共同研究プロジェクトの一環として、台北故宮博物院図書文献処の盧雪燕先生をお招きした際、盧先生が閲覧を希望された資料の一つに苗図があり、地理学講座所蔵の苗図『黔省苗圖』を、見ていただいたことがあった。盧先生は、『黔省苗圖』をごらんになるとすぐさま、「表紙の装丁に使われている錦は清の宮廷で使われたもので、この苗図が宮廷から出た貴重なものであることは間違いない」と話された。さらに、題簽を指さして、「題の下に一という漢数字が書いてある。つまり、二以降の数字が書かれた冊があるはずだけれど、その所在はまだ知られていない」、また、「他の苗図とも合わせて、台湾に所蔵されている苗図の画像と異同があるので、照合調査が必要だ」とも話された。

今、振り返ってみると、葛先生と盧先生が、苗図の資料としての貴重さや系譜調査、比較研究の必要性を明確に指摘してくださったことが、三大学合同の苗図調査に発展に繋がっている。両先生には深く感謝するとともに、慧眼に改めて敬意を表したい。

2019年9月

京都大学文学研究科

田中和子、木津祐子

目录

导读：有关清代各种苗图的历史背景 *

葛兆光

（复旦大学文史研究院）

引言：五族抑或六族？从近代中国的苗族认识说起

1924年，法国传教士萨维那（F. M. Savina）出版了世界上第一部《苗族史》（*Histoire des Miao*），半个世纪里这部书多次再版，直到1972年还出了新版。在这部书的一开头，他说：

> 从不可记忆的年代起，在中国就存在一种我们至今不知其起源的人种，这些人一直住在高山上，与其他亚洲人隔绝。说一种特别的、周围人们所不知晓的语言，穿着一种特别的、任何地区见不到的服装。[1]

这就是苗族。[2] 过去若干年中，好多学者曾经猜测苗族的来源，有人说，他们老家在现在的贵州东部湖南西部（丁文江）；有人说，他们应当是从河南一带经由四川迁来的（萨维那）；还有人说贵州原住民应当是仡佬人，苗族是从其他地方来的（克拉克［S. R. Clarke］）。总之，苗族起源似乎是一个历史之谜。

* 本文曾以《化生为熟？从苗蛮图说到中国民族史研究》为题，发表在《古今论衡》（台北："中央研究院"历史语言研究所，2019 年）第 33 期。这里做了较大的删节与改动，作为本书的"导读"。

1 萨维那：《苗族史》，第 1 页；萨维那在这部 1924 年出版于香港的著作中，从语言、身体、宗教、社会、文化、服饰等方面，相当清楚地界定了自称"Hmong"的苗族，这是鸟居龙藏《苗族调查报告》之后，最值得重视的苗族研究著作。此书已有中译本《苗族史》（立人等译，贵阳：贵州大学出版社，2009 年），但我未见。国内有关苗族历史的著作，还可以参看伍新福、龙伯亚《苗族史》（成都：四川人民出版社，1992 年）。

2 现在苗族在中国是第四大少数民族（排在壮族、满族、回族之后）。据 2000 年的统计，约有 894 万人，在贵州有 429 万、湖南有 192 万、云南有 104 万、重庆有 50 万、广西有 46 万、湖北有 21 万、四川有 14 万、广东有 12 万，此外，1 万人以上的，还有海南（6 万）、浙江（5 万）、江苏（2 万）、福建（2 万）。同时，它也是一个国际化的民族，在越南约有 80 万，老挝约有 30 万，泰国约有 1.5 万，美国有 18 万（但据王富文［Nicholas Tapp］说，美国有 30 万），法国有 1 万（主要是越南战争结束时流亡海外的）。参看铃木正崇：《ミヤオ族の历史と文化の动态——中国山地民の想象力の变容》（东京：风响社，2012 年）"序文"，第 5、14 页。

也许现在的人已经不太注意，在晚清民初也就是19世纪末20世纪初，苗族作为话题，一度很热闹。为什么？因为有一种关于苗族史的说法，在当时非常震撼也影响深远，这就是所谓的“苗先汉后”说。那时有很多中外学者都相信，汉族并不是中国的土著居民，苗族才是古代中国最早的原住民，由于从西方来的汉人鸠占鹊巢，汉人才逐渐占据了中国的核心区域；而被打败的苗族，只好向南再向南，一直迁徙到西南山区，这种说法就叫有关早期中国原住民之“苗先汉后”说。

说到“苗先汉后”说，当然要追溯晚清学界流行的“汉族西来”说。[1]这一说法由法国人拉克伯里（Albert Terrien de Lacouperie）的《初期中国文明的西方起源》和《汉民族以前的中国诸语言》开端[2]，并通过日本转手传来中国，使得一贯相信历史是“三皇五帝到如今”的中国和日本学界深受刺激，当时便引起了好多讨论。其中一种说法是，在黄河流域生活的原住民应当是苗族，而传说苗族祖先是蚩尤，加上古史里有“窜三苗于三危”的说法，因此，一些学者大胆推断，是传说中黄帝所象征的汉族，把蚩尤所象征的三苗赶走，汉族人才占领了黄河流域即中原一带。这种说法对于那个时代的中国史认知，显然是具有颠覆性的。特别是在19世纪下半叶，日本的东洋学界曾经普遍接受这一说法，明治日本一些最重要的学者都相信“苗先汉后”说，人类学家里如研究过苗族的鸟居龙藏，印度学家、佛学家如高楠顺次郎，法学家如田能村梅士等，都谈到过这个问题。对中国影响很大的日本东洋史学家，如那珂通世、市村瓒次郎、藤田丰八、桑原骘藏也都沿用过这一说法，这些说法被写在历史教科书里，也作为研究中国民族、文化和历史的前提。[3]

来自日本有关“汉族西来”以及“苗族原住”的论述，深刻地影响了现代中国的历史书写，也影响了晚清民初对中国民族、疆域和历史的认知。有趣的是，无论对大清帝国有依恋情结的保守派，还是原本激烈主张“驱逐鞑虏，恢复中华”的革命派，这一说法都有热烈的接受者。前者比如梁启超、蒋智由，后者比如章太炎、刘师培、邹容、陈天华，都曾经接受这种说法。[4]看上去政治立场和思想取向不同的这些学者，在这一问题上实际有共同点，即都受到西洋人和东洋人有关“民族迁徙”的历史观以及“优胜劣汰”的进化论的深刻影响。他们都承认，中国的原住民确实是“苗先汉后”，但汉族取代苗族

1 关于“苗先汉后”说，最清晰的历史梳理，参看吉开将人：《苗族史の近代——汉族西来说と多民族史观》，载《北海道大学文学研究科纪要》（2008年2月）第124期，第25—55页。

2 有关法国人拉克伯里的“西来说”，可以参看孙江：《拉克伯里“中国文明西来说”在东亚的传布与文本之比较》，载《历史研究》（北京，2010年）第1期，第116—137页。

3 如那珂通世《支那通史》（东京：中央堂，1888年）、市村瓒次郎《支那史》（东京：林缝之助，1889年）、藤田丰八《中等教科东洋史》（东京：文学社，1896年）、桑原骘藏《中等东洋史》（东京：大日本图书株式会社，1898年）。见上引吉开将人：《苗族史の近代——汉族西来说と多民族史观》，第34—37页。

4 参看葛兆光：《纳四裔入中华——二十世纪上半叶中国学界重建“中国”论述的努力》，载《思想》（台北：联经出版公司，2014年）第27期，第1—57页。

成为中国主流族群，恰恰是先进民族打败落后民族的历史过程。换句话说，苗族被赶到西南边陲乃是历史进化论中“优胜劣汰”的结果。当然，前者即试图维护清帝国原有疆域和族群的所谓“保守派”，他们强调的是，既然苗族是更早的中国人，那么，就应当承认苗族作为中国的土著，就像大清帝国包含满、蒙、回、藏一样，苗族可以作为“五族（六族）共和”的一部分，成为在大清帝国基础上，重建中国/中华民族的成员；而后者即试图推翻大清建立民国的所谓“革命派”，虽然秉持汉族民族主义的立场，但由于无法承受“割地”“裂国”的罪名，也不能硬碰硬地靠战争实力解决政权转换，所以只能采取妥协策略，主张重建的“中国”应当以汉族为主，包容各种异族，他们采用这一说法，只是用“苗先汉后”说来证明历史上汉族确实先进和伟大。[1]于是在辛亥革命成功后，他们都接受了满、汉、蒙、回、藏五族共和的提议，孙中山在1912年1月担任临时大总统时，在《就职宣言书》中就承诺：“合汉、满、蒙、回、藏诸地为一国，即合汉、满、蒙、回、藏族为一人，是曰民族之统一。”[2]因此对于各种非汉族群，革命派的立场也就从“排斥”转为“包容”。

可是值得注意的是，那时的“五族”里面，却并不包括苗族！那么多“五族共和”的说法里面，上千万人的苗族是否被忽略了？他们人数并不比满族、藏族少，他们占有的疆土面积也未必比其他民族小。可是，除了少数学者如梁启超等之外[3]，就连后来孙中山在讨论中国民族问题时，他提到的“同一血统，同一言语文字，同一宗教，同一习惯”的四万万人中，也没有提及有近千万的苗族人。[4]所以，到了1917年，申悦庐就说“五族共和”不正确，“盖就中华民族而言，实有汉满蒙回藏苗六族”[5]；同一年夏德渥撰写《中华六族同胞考说》，也建议在汉、藏、蒙、满、回之外，加上“苗”，统称为“华族”。[6]

1　一直到1913年，有一个学者松岑在为《独立周报》撰写社论《苗族与共和制关系》的时候，仍然强调“我祖宗自昆仑而下，殖民东土，东土本部已有主人，是曰苗黎。我祖宗奋其神武，与彼族战而胜之，遂宅居黄河两岸。结绳茫昧，相斫之书不传，然其物竞天演之血史，则可以想象得也”，载《独立周报》第2卷第17—18期，第38页。

2　孙中山：《临时大总统就职宣言书》，原载《东方杂志》（1912年）第8卷第10号，收入《孙中山文集》（北京：团结出版社，2016年），第327页。

3　其实，1903年梁启超提出，重建中国不仅需要提倡“小民族主义”，更要提倡“大民族主义”的时候，已经包容了有苗族在内的“六族”，“吾中国言民族者，当于小民族主义之外，更提倡大民族主义。……自今以往，中国而亡则已，中国而不亡，则此后对于世界者，势不得不取帝国政略，合汉、合满、合蒙、合回、合苗、合藏，组成一大民族”，参看梁启超：《政治学大家伯伦知理之学说》之二《论国民与民族之差别及其关系》，载《饮冰室合集》（北京：中华书局重印本，1988年）文集之十三，第75—76页。

4　孙中山：《民族主义》第一讲，载《孙中山全集》（广东社科院历史研究所编，北京：中华书局，1986年）第9卷，第188页。

5　申悦庐：《中华民族特性论》，原载《宗圣学报》（1917年12月）第2卷第8期，第14页。申氏这篇文章，在1943年曾重新发表，见《东方杂志》第39卷第19期，第24页。

6　夏德渥：《中华六族同胞考说》，湖北第一监狱石印本，1915年检定，1917年印行。参看吉开将人：《苗族史の近代（三）——汉族西来说と多民族史观》，载《北海道大学文学研究科紀要》（2009年11月）第129卷，第32—33页；黄兴涛：《重塑中华：近代中国“中华民族”观念研究》（北京：北京师范大学出版社，2017年）第二章，第118—119页。

一直到20世纪30年代，还有人讨论中国究竟是“五族共和”还是“六族共和”，甚至讨论古代的华族是否混血，是同祖还是不同祖。[1]

可问题是，为什么“苗”在20世纪初现代中国/中华民族的重建中，这样被轻轻淡化？是不是作为一个非汉族群，它和汉族差异太小，以至于被忽略？北方那个统治过“中国”的骑马民族蒙古，宗教信仰和人种特征差异很大的“回回”，地处西陲而且风俗不同、语言不同、宗教不同的藏族，以及刚刚统治过庞大帝国的满人，是不是因为这些族群的特性、异质性和历史重要性，被急需重建“中华民族”的国人重视，而处在生熟、内外之间，似乎逐渐汉化并与汉人杂处的“苗”，却不那么受重视？于是，这里就有问题出来了：第一，是因为他们在帝国核心区域之内，行政已经郡县化，身份已是编户齐民，所以就不被重视吗？第二，是因为他们作为帝国臣民，和汉人一样是农耕族群，文化与身份已经逐渐同质化，即处在被“汉化”过程中，所以，他们才不必单列为一个民族吗？第三，是否在历史叙述和历史印象中，苗族在明清逐渐被“改土归流”，就不应当算是被“殖民”，不应当算是“内部他者”（王明珂语）呢？

伴随这些问题，多年来学术界始终在关注有关文献，也关注各种各样有关苗族的图像资料。

一、莫之能外：苗图背后的帝国方略

要说明清代出现的各种苗族图册之来龙去脉，先得让我们从明清两代的苗族史说起。

1368年，来自南方的汉人朱元璋推翻蒙元王朝，建立大明王朝，但中国疆域便从蒙元时代那种横跨欧亚、无远弗届的帝国，重新缩小到基本是汉族为主的十五省，甚至连汉朝设立的河西四郡之一、现在大大有名的敦煌，都不再属于明朝所有。尽管永乐皇帝也曾五次北征蒙古，在东北设立努尔干都司，但后来明朝疆域却一退再退，正如《明史·地理志》所说，“成祖弃大宁”，“世宗时复弃哈密、河套”，“仁、宣之际，南交屡叛，旋复弃之外徼”。[2]如果看明代人张天复《广皇舆考》卷十八《四夷总图》，就可以看到西北边疆是甘肃，东北边疆是辽东，北边也就是所谓“九边”，包括辽东、蓟州、宣府、大同、太原、延绥（今榆林）、宁夏、甘肃、固原等，摆明了长城以北即为“异域”。[3]可是明清

1 比如署名“曲”的《中华民族（汉、满、蒙、回、藏、苗）考》，载《培道学生》（广州：培道中学，1935年）第3期，第1—4页。

2 《明史》（北京：中华书局校点本，下引二十四史皆同，不一一注明）卷四十《地理一》，第882页。潘光旦说：“大宁之放弃，是对兀良哈之让步，开平卫之南移，则为对蒙古之让步，河套亦然。哈密则似入于吐鲁番，应是畏兀尔也。”见潘光旦编：《中国民族史料汇编（明史之部上）》（天津：天津古籍出版社，2007年），第1页。

3 张天复：《广皇舆考》卷十八，载《四库禁毁书丛刊》（北京：北京出版社影印本，1997年）史部第17册，第350页。

易代，17世纪中叶之后的大清王朝，却大大拓展了中华帝国的疆域，建立了统治“五族”（满、蒙、回、藏、汉）的庞大帝国。如果看清朝疆域图，正如《清史稿·地理志》里面所说，“东极三姓所属之库页岛，西极新疆疏勒至于葱岭，北极外兴安岭，南极广东琼州之崖山”[1]。但这个庞大帝国内部却差异性很大，不仅有理藩院所管辖的蒙、回、藏等，有盛京将军所控制的龙兴之地东北，就连六部所管理的十八省，各种制度也不那么统一，比如这里要讨论的贵州苗疆。

虽然贵州在元明两代已经正式纳入帝国内部，但在当时人感觉上，这一苗疆还是“生”的，还没有“熟”。这是什么意思呢？就是说，这些地方虽然不是帝国之“外”，但也不能完全算入帝国之“内”，还只是“之间”。用传统的说法，它还是在“羁縻”状态，实行的是“域内”与“化外”的双重制度。虽然元代已经在贵州设了宣慰司和宣抚司，一方面让土司土官自己管理，一方面朝廷逐渐派官员进去控制。[2]明代前期又沿袭元代的统治方式，但这一区域的管理仍处于双重体制之间，当然，自明朝初期以来，大趋势是它逐渐从“外”而“内”。明太祖朱元璋曾希望通过教化的方式，“选其（土司土官）子孙弟侄之俊秀者以教之，使之知君臣父子之义，而无悖礼争斗之事，亦安边之道也”[3]。但仅仅是软的一手是不行的，永乐十一年（1413），永乐皇帝以解决土司土官的纷争为由，废除黔东的思州和思南两个宣慰司，在贵州建布政司辖八府四州[4]，又设立都指挥司领十八卫。按照永乐皇帝的说法，“天下守土之臣，皆朝廷命吏，人民皆朝廷赤子”[5]。按照他的意思，帝国之内所有的管理者都不能擅自任职而必须由朝廷任命，所有的百姓都不能在化外而应当是编户齐民。[6]正如《明史·土司传》里面说的，“分别司、郡、州、县，额以赋

---

1 《清史稿》卷五十四《地理一》，第1891页。嘉庆二十五年（1820）重修《一统志》时，当时的大清帝国，已经包括了二十七个区域，除了原来所谓内地十八省之外，还包括盛京三将军（盛京即奉天将军、吉林将军、黑龙江将军），以及藩部所管辖的蒙、藏、准、回等，不再是原来意义上简单的民族（汉）和国家（中国）重叠。

2 元代所设置的宣慰使司、宣抚司、安抚司、招讨司，介于行省与郡县之间，由当地豪强担任长官（土官土司），如乌撒乌蒙宣慰司、丽江路军民宣抚司，由朝廷任命并授予诰敕、印信、符节、驿玺书、金银符等，土官土司的责任与义务有三，即纳赋、朝贡和提供士兵。

3 《明太祖实录》（台北：“中央研究院”历史语言研究所校印本，1962年；一下引《明实录》皆同，不一一注明）卷239，第3476页。洪武二十八年（1395）六月，朱元璋因户部主印张永清上奏，谕礼部曰：“边夷土官皆世袭其职，鲜知礼仪，治之则激，纵之则玩，不预教之，何由能化？……”这一段话表现了明王朝对边远地区乱象的忧虑和努力将边地汉化的意图。

4 八府，即思州（今贵州岑巩）、思南、镇远、铜仁、石阡、黎平、乌罗（今贵州松桃）、新化（今贵州黎平东北）。

5 《明史》卷三一六《贵州土司》，第8168页。

6 明代沿袭元朝的制度但更加严格，这里有三点很重要：（1）土、流分治，界限清楚；（2）以文、武分别隶属，以官品分出等级；（3）土官土司由朝廷任命，需要亲自到京接受任命。不过，在明代这一过程并不彻底，苗疆仍然比较特殊，明代中期在今吉首、凤凰等地设立土司、卫所并驻军，还是力图隔开生、熟，明代官员还绘制了《麻阳图》（在罗洪先《广舆图》中，嘉靖二十年［1541］）、《楚边图说》（吴国仕编，万历四十五年［1617］），特别是后一幅，绘出今湖南凤凰、芷江，贵州玉屏、清溪、镇远、施秉等州的卫所、营哨、炮楼、边墙等，显示出那个时代，“楚边”还是帝国核心区域的内部“边疆”。

役，听我驱调”[1]。

这一我称之为“纳四裔入中华”的大趋势，在明代一直延续和加强。到了嘉靖九年（1530），朝廷更规定，这些区域的政府官员，分为文、武两道，政府委派的府、州、县官员归布政司管，土官所担任的宣慰、招讨等归都指挥司管，“于是文武相维，比于中土矣”[2]。更重要的一个事件发生在万历二十八年（1600），那一年，明朝军队用了104天，兵分八路讨伐播州土司杨应龙，“共斩获二万余……播州自唐入杨氏，传二十九世，八百余年，至应龙而亡”[3]。从此，中央王朝的权力进一步深刻地嵌入这个过去在内外之间的“西南夷”地区。[4]

明清易代之后，朝廷上虽然从汉人换成满人，但雍正年间鄂尔泰提议的“改土归流”，也还是沿袭了明朝的一贯思路，即“化生为熟”，大力推进帝国直接控制下的郡县制度、民众的编户齐民化，以及通过教育和科举推行汉化。应当说，“改土归流”和“化生为熟”是明清两代推动帝国内部同质化的大趋势[5]，它也刺激了官僚和士大夫有关边疆的知识兴趣。如果说，唐宋以来对于苗疆的知识还相当稀少，对于苗疆的地理知识还几乎是空白[6]，那么，明清两代有关贵州和苗疆的知识就越来越多，很多汉族知识人都曾深入苗疆。其中，王阳明在贵州龙场的故事当然是最有名的，同时，关于贵州和苗疆的实际知识，也有了不少著作在明清两代被陆续撰写出来。[7]

不过，尽管明朝永乐十二年（1414）已经设置贵州承宣布政使司，“贵州为内地自是始”[8]。可是事实上一直到大清王朝建立之后的八十余年，苗疆在帝国的“内部”仍然仿佛

1 《明史》卷三一〇《土司》，第7981页。不过，应该注意到，永乐十一年设立贵州布政司之后，“许多地方在很长的一个时间内，仍无府、州、县设立”，明清帝国行政权力在贵州苗疆的渗入，经历了漫长的过程。参看周振鹤主编，郭红、靳润成撰：《中国行政区划通史·明代卷》（上海：复旦大学出版社，2017年）第二编第三章，第494页。

2 《明史》卷三一〇《土司》，第7982页。

3 《明史》卷三一二《四川土司二》，第8049页。

4 不过，直到明代万历年间平定播州之后，大明帝国仍然没有能够真正把这一带，完全纳入府州县行政管理之下，主要还是保障内地通往云南的“普安入黔”之路的通畅。正如万历三十三年（1605）贵州巡抚郭子章所说，“贵州一省，苗仲杂居，国初虽设贵州、新添、平越、威清等十四卫，分布上下，以通云南之路。而一线之外，北连四川，东接湖广，南通广西，皆苗仲也”。《明神宗实录》卷四一四，第7759—7760页。

5 江应樑曾经指出，“改土归流”是一个漫长过程，这一过程到雍正年间仍然没有完结。参看江应樑：《略论云南土司制度》，原载《学术研究》（昆明，1963年）第5期，后收入《江应樑民族研究论文集》（北京：民族出版社，1992年），第333页。

6 例如经常被引用，被作为苗族史重要资料的宋代朱辅《溪蛮丛笑》，不仅主要描述的只是湖南辰州一带即后来苗疆比较接近汉族地区的边缘，而且有关知识的记录也相当粗略。这恰恰说明，宋代对于苗疆知识的缺乏，与明清两代日渐增多的苗疆知识，不可同日而语。

7 官方编纂的，最早的如弘治年间沈庠修、赵瓒纂《贵州图经新志》十七卷，嘉靖年间谢东山修、张道等纂《贵州通志》十二卷，万历年间王来贤、许一德修《贵州通志》二十四卷等；到了清代乾隆之前，又有康熙十二年曹申吉修、潘驯等纂《贵州通志》三十三卷，康熙三十一年卫既齐修、薛载德纂《贵州通志》三十六卷，乾隆六年鄂尔泰、张广泗修《贵州通志》四十六卷，乾隆二十六年谢圣纶纂《贵州志略》十四卷等。士大夫自己编纂的，如明嘉靖年间田汝成《炎徼纪闻》、万历年间郭子章《黔记》六十卷、清康熙年间陈鼎《滇黔游记》两卷、陆次云《峒溪纤志》三卷等。

8 《明史》卷三一六《贵州土司》，第8178页。更早在明太祖洪武年间（1382），贵州就设立了都护使司，但主要还是管理军事驻防的机构，布政使司则是帝国进行行政管理的机构。

"空白"。雍正四年（1726），鄂尔泰在《改土归流疏》中这样描述道："苗疆四围几三千余里，千三百余寨，古州（今贵州榕江）距其中，群寨环其外，左右清江可北达楚，右有都江可南通粤，蟠踞梗隔，遂成化外。"[1]什么是"化外"？"化外"就是在国家与文明之外。这里举两个最典型的例子：一是康熙年间的《皇舆全图》里面，帝国大多数地方都标明府、州、县名，但苗疆（几乎包括现在黔东南的十几个县市）是一片空白；二是在万历四十五年（1617）吴国仕编的《楚边图说》中，特意绘出从如今的湖南凤凰、芷江，贵州玉屏、清溪、镇远、施秉等地区的卫所、营哨、边墙，而嘉庆年间严如熤编《苗防备览》中的《苗疆全图》中，面对苗疆也有一道"边墙"，仿佛古长城面对匈奴一样，说明那块"苗疆"还是"外"而不是"内"。[2]其中，贵州东部即今黔东南自治州一带尤其是帝国内部的心腹大患，所以，魏源《圣武记》里面说：

> 镇远清水江者，沅水上游也，下通湖广，上达黔粤，而生苗据其上游，曰九股河，曰大小丹江，沿岸数百里，皆其巢窟。[3]

特别值得一提的是，他们已经注意到这并不只是族群问题，所谓生苗中最强悍的九股苗里，居然还有汉人（如曾文登）给他们出谋划策。所以，苗疆成了大清帝国内部，尤其是六部所管辖的帝国内地实现版图完整和制度同一的障碍。于是，从雍正四年（1726）开始，朝廷就双管齐下，一方面派出大量军队，对这一苗疆进行残酷扫荡；一方面劝诱熟苗，用优惠政策让他们接受"改土归流"，成为编户齐民。

这一场叫作"改土归流"的战争，比我们想象的要残酷。尽管明清两朝君臣上下都主张两手兼备，但实际上，软性的招抚和教育的背后，都是有军事威慑的力量支撑的。我们不妨看一看《清史稿》《东华录》《圣武记》等文献中，对雍正年间苗疆"改土归流"过程的简要记录，从雍正四年（1726）到雍正十三年（1735），历时近十年的改土归流，逐渐把过去帝国空白处的苗疆，变成郡县制度，把过去剽悍生猛的苗人，变成编户齐民。

---

1 《清史稿》卷二八八《鄂尔泰》，第10231页。按：《清经世文编》（北京：中华书局，1992年）下册所收鄂尔泰《改土归流疏》没有这一段，并不是全文。

2 清代嘉庆二十五年（1820）严如熤：《苗防备览》（道光二十三年绍义堂重刻本）卷首之《苗疆全图》；凌纯声、芮逸夫：《湘西苗族调查报告》（上海：商务印书馆，1947年；但是此书完成较早，序言写于1940年，因为抗战的缘故，出版较迟。此据后来的排印本，北京：民族出版社重印本，2003年）引用此书指出，"苗疆"大体上是沅江以西，酉水以南，辰江以北的湖南、贵州两省交界，包括今贵州黔东南、黔南、黔西南、安顺、六盘水、松桃和湘西等。席会东《消失的边疆——明清地图中的苗疆与生苗》（收入云南大学历史系与《学术月刊》杂志社：《"多维视野下的中国边疆与族群"学术讨论会论文集》下册，第515—534页）也指出，湘西腊尔山区、贵州雷公山和古州（今贵州黔东南榕江）地区、广西东北，在明清称为"苗疆"，当时"无君长，不相统属"，就像"化外之地"。

3 魏源：《圣武记》（上海：上海古籍出版社《续修四库全书》影印本）卷七《雍正西南夷改土归流记》，第302页。

这当然是大清帝国事业的大成功，不过，对于苗疆来说无疑也是一个充满战火和鲜血的过程。[1]

二、图绘蛮夷：各种苗族图册的诞生

作为一个帝国，在政治史上大概有三种图像，作为象征格外重要。第一种是帝国表示自己控制疆域的“舆地图”，第二种是帝国想象自己笼罩天下的“职贡图”，第三种则是帝国清点管辖之内的异族臣民的“蛮夷图”。

虽然至少从中古时代的梁元帝开始，《职贡图》之类的图像已经成为政治史和绘画史上的传统，但真正成为构造王朝神圣性的政治策略，由官方大规模组织绘制，大概是在清代才最终成熟。前面说到，从大明到大清，中国疆域发生了很大改变，“异邦”变成了“新疆”，“外夷”成为“臣民”。清朝版图的扩大，使得帝国内部的文化差异变得相当明显，于是，各种各样描绘异族的“职贡图”纷纷出现（如谢遂、丁观鹏、姚文瀚、程梁、金廷标的作品）。特别是乾隆十三年（1748），在平定大小金川的动乱后，乾隆皇帝就想由官方统一绘制各地的民族风俗图像。乾隆十六年（1751）皇帝下旨，由军机处统管此事，并把现有的样本发到“近边各督抚”，让他们按照标准样式，绘制各地的图册。[2]乾隆二十二年（1757），太监胡世杰缴上一套《职方会览》，乾隆便下令让丁观鹏等人依照这种图册，去画四卷图像。此后的若干年中，他们又根据军机处提供的资料，以及陆续看到的实际来朝使团情况，加上了哈萨克、伊犁等。到乾隆四十年（1775），这四卷图册不仅画完呈交御览，而且还由其他画家另外临摹了好几份，并且在乾隆四十二年（1777），特别绘制了《皇清职贡图》，收入《四库全书》之中。此后，一直到嘉庆十年（1805），朝廷还命令绘制者补充若干图像，由庄豫德等人重新绘制。[3]

在嘉庆年间最后定型的《皇清职贡图》第八卷中，绘有四十二种贵州苗人图像，显示

1 比如《圣武记》（《续修四库全书》之史部第402册）里就记载，雍正年间改土归流，在镇雄，参将韩勋“斩首二千余，尽焚其垒”（第304页），在乌蒙，哈元生杀死苗彝两勇将，“竿揭二首”，在威远，“冒瘴突入，擒斩千余”（第305页）。

2 《清实录》（乾隆十六年闰五月己巳）记载乾隆谕旨：“我朝统一寰宇，凡属内外苗夷，莫不输诚向化，其衣冠状貌，各有不同。今虽有数处图像，尚未齐全。著将现有图式数张，发交近边各督抚，令其将所属苗、瑶、黎、僮，以及外夷番众，俱照此式样，仿其形貌衣饰，绘图送军机处，汇齐呈览。朕以幅员既广，遐荒率服，俱在覆含之内，其各色图样，自应存备，以昭王会之盛。”

3 按照现在的国家观念，《皇清职贡图》里的“诸蛮夷”，有的是外国，有的是异族，有“内”和“外”的不同，但这种有明确国境线的“内”和“外”，乃是现代国际体系和现代主权国家形成之后的事情，在这些图像中反映了大清帝国的观念，就是这些朝贡者都是一圈一圈由内向外扩展的“蛮夷”，只是由近及远，等级不相同，文明有差异。在这样一个天下帝国的图景里面，没有必要区分“内”“外”或者是民族、外国，这说明什么？当然很简单，就是大清王朝是一个自认的“天下帝国”。

出当时对于苗人的分类已经相当细致。其中，有以服色为区别的花苗、红苗、黑苗、白苗、青苗，有以方位为区别的东苗、西苗，也有以姓氏为标志的宋家、仲家、龙家、蔡家，也有风俗各异的生苗如紫姜苗、九股苗，还有现在已经划在苗族之外的倮猡和仡佬。

这种被后人称为民族志（Ethnography）的图像[1]，刺激了官僚和士人群体对苗疆的兴趣，各种苗族图册就是在这个帝国开拓和内部整合的历史背景下出现的。目前发现的各种苗族图册，林林总总近百种[2]，收藏在国内国外的各个机构中。据德国学者耶格尔（F. Jaeger）和美国学者何罗娜（Laura Hostetler）的统计，目前各种苗图在海外大约有八九十种，其中英国十九种、意大利十六种、美国十四种、日本十二种（并不包括本书收录的几种）、德国七种、法国六种、俄罗斯十种、捷克二种。它们的图像数量不一，文字内容也有不同，对苗人分类也有出入，各种图册的传承系统，至今仍然没有特别清晰的研究[3]，究竟哪一种才是最早的祖本，现在不是很清楚。[4]一般来说，最受重视的苗族图册大概要算清代嘉庆年间陈浩所编的《八十二种苗图并说》，但事实上，有关苗图可能出现得很早。[5]如本书收录的日本京都大学总合图书馆题为“陈枚恭画”的《进贡苗蛮图》两函，这是京都大学昭和二十一年也就是1946年入藏的，其中第一函45幅，第二函19幅，另有散落的4幅，一共68幅。如果“陈枚”这个题识不是作假的话，那么，这份苗族图册要远远早于嘉庆的陈浩之图，甚至也可能略早于乾隆年间《皇清职贡图》[6]，因为据文献记载，陈枚是江苏娄县人，字载东，号窝枝头陀，善于绘画人物山水花鸟，是雍正年间在内务府任郎中的；又如巴黎汉学研究所藏《苗蛮图册页》，卷首有乾隆五十一年（1786）舫亭序（乾隆岁次丙午秋九月中浣舫亭识），如果此序文可信的话，这一《苗蛮图册页》

1 美国学者何罗娜与狄大卫（David Deal）合作，曾翻译了一册苗图，题为《人种志的艺术：一册中国苗图》（*The Art of Ethnography: A Chinese Miao Album*, Seattle: University of Washington Press, 2005）。

2 对于国外收藏的各种苗图，现在国内最全面的统计和描述，是中央民族大学博士史晖的博士论文《国外“苗图”收藏与研究》（导师：祁庆富，2009 年）。但此博士论文至今未见完整出版，只看到她的一篇同名论文《国外“苗图”收藏与研究》，载《艺术探索》（2009 年）第 4 期，第 55—59 页。

3 可以参看李汉林：《百苗图校释》（贵阳：贵州民族出版社，2001 年）；杨廷硕、潘盛之：《百苗图钞本汇编》（贵阳：贵州人民出版社，2004 年）；刘锋：《百苗图疏证》（北京：民族出版社，2004 年）；李德龙：《黔南苗蛮图说研究》（北京：中央民族大学出版社，2008 年）等。也可以参看何罗娜和狄大卫：《人种志的艺术：一册中国苗图》；何罗娜：《清代殖民事业：前近代中国的人种志与图像学》（*Qing Colonial Enterprise: Ethnography and Cartography in Early Modern China*, Chicago: The University of Chicago Press, 2001）；王富文和丹·库恩（Don Cohn）合编：《中国西南的部族：中国人对国内“他者”的观点》（*The Tribal Peoples of Southwest China: Chinese Views of the Other Within*, Bangkok: White Lotus Press, 2003）。

4 有人指出，其中有很多是清代后期画商为了牟利，专门请人绘制售卖给来华外国人的。

5 目前，很多苗图研究都以陈浩《八十二种苗图并说》为中心，并把“百苗图”看成是《八十二种苗图并说》以及它的一系列钞本的总称，如马国君、张振兴：《近二十年来“百苗图”研究文献综述》，载《中央民族大学学报》（2011 年）第 4 期，第 44 页。但是，这并不能包括在陈浩之前已经出现的各种苗图，因此本文不用“百苗图”这一概念，而用“苗族图册”这个词，当然，用这一词汇，只是延续传统称谓，并没有把苗族视为蛮夷的意思。

6 这个看法，在海外学者中也曾提出，如前引何罗娜和狄大卫《人种志的艺术：一册中国苗图》，其序文中提到这一点，这篇序文有中译本，见《民族学刊》（2010 年）第 1 期，第 105 页。

也比陈浩的《八十二种苗图并说》要早几十年。

需要提醒的问题是，谁是这些异族的绘制者和观察者？应当看到，现在可以视为民族志的这类苗人图像，其实都是通过官方或知识人的眼睛来观看的，在绘画及叙述中，不免都有他们的观念和偏见。清代中叶之后，陆续出现了很多有关边地异族的图像，这些图册除了《皇清职贡图》无所不包、内外兼有之外，似乎特别集中在西南和东南，即对所谓“新开疆土”中的苗人、滇人、番人的图绘，即各种《黔苗图》《滇苗图》《琼黎图》和《台番图》。其中最具代表性，也是现在被研究得最多的是以下三种：(1)满族官员六十七(生卒年不详，约在乾隆九年即1744年于台湾任监察御史)大约于乾隆初年主持绘制的、记录台湾土著的《番社采风图》[1]；(2)嘉庆年间陈浩(嘉庆初年任八寨理苗同知)记录贵州苗彝各族的《八十二种苗图并说》；(3)伯麟(1747—1824)于嘉庆二十三年(1818)编撰的、关于云南的《滇省夷人图说》。[2]

有关贵州苗族的这些图像，当然是我们了解当时苗疆族群文化风俗的重要文献。不过必须指出的是，我们很难仅仅依据它们来确定贵州苗疆的族群、文化、风俗。其中一个原因是那个时代的政府官员对于“异族”虽然观察仔细，但受到传统华夷观的影响，形成某种制作图像的“格套”，也因为管理者为了确认“种类”的动机驱使，记录和分类不免粗细不均；而这一类图像内容的选择和表达，则往往受到汉族文人(或满族官员)的优越感和猎奇心影响，不免呈现得并不公平。可是，由于帝国过去对苗疆统治较为薄弱，明清两代的士人对于边缘异族知识也只是好奇和耳闻，那里的族群、历史和风俗，究竟如何，在这些图像之前的明清两代，虽然也有所记录，却不那么仔细。最早有关贵州苗夷的明代文献田汝成撰《炎徼纪闻》卷四说：

> (苗人)其种甚伙，散处山间。聚而成村者曰寨，其人有名无姓，有族属无君长。近省界者为熟苗，输租服役，稍同良家，十年，则官司籍其户口息耗，登于天府。不与是籍者，谓之生苗。生苗多而熟苗寡。[3]

这里只是根据是否朝廷的编户齐民，对苗疆做了“生苗”与“熟苗”的分别。但是，随着对贵州苗疆的知识增长，从明到清，对被称为“苗”的族群就渐渐越分越细，直到我们讨论的清代中期这些苗人图册，尤其是陈浩《八十二种苗图并说》，似乎形塑了对苗疆族群的认识。

1 现有《景印解说蕃社采风图》(台北：“中央研究院”历史语言研究所，1998年)，卷首附有杜正胜先生的详细解说。

2 现有影印本《滇省夷人图说·滇省舆地图说》(北京：中国社会科学出版社，2009年)。《滇省夷人图说》收图108幅，彩绘，附有伯麟跋文。

3 田汝成：《炎徼纪闻》，载沈节甫辑，《记录汇编》(“中国文献珍本丛书”，北京：中华全国图书馆微缩复制中心影印本，1994年)卷六十，第589页。

但是，这里仍有三个问题必须注意：

第一，被统称为“苗”的贵州非汉人群，究竟可以细分为多少不同的族群？[1]

较早如《大明一统志》卷八十八“贵州布政司”条下，曾经引用“旧志”说，那里的族群“种类非一”，也记载了有罗罗、宋家、蔡家、龙家、仡佬等，但是显然对于较为接近汉族的三大家（宋、蔡、龙）较为了解，而对其他各种苗人却不甚了了。到了康熙年间的陈鼎《滇黔纪游》，则记载贵州有“花苗、东苗、西苗、牯羊苗、贵苗、白苗、谷蔺苗、紫姜苗、平伐苗、九股黑苗、天苗、红苗、生苗、罗汉苗、阳洞苗、黑罗罗、白罗罗、八番苗、打牙仡佬、剪头仡佬、木佬、狆家苗、土人苗……共三十余种，风俗各异”[2]；同为康熙年间的田雯《黔书》，在“苗蛮种类部落”一则中，则提到“卢鹿”（“水西之罗鬼”，即倮倮）、“狆家”（“五代时楚王马殷自邕管迁来”，即仲家苗）和“生苗”（包括谷蔺、九股、紫姜、黑苗、红苗、罗汉苗）这三种之外，还包括东苗、西苗、花苗、白苗、短裙苗、白倮、仡佬、木老、龙家，以及蛮人、僰人等不同部族[3]；到乾隆年间的《皇清职贡图》中则增加到四十二种，在贵阳花苗、铜仁红苗、黎平古州黑苗、贵定龙里白苗、修文镇宁青苗，以及贵筑龙里东苗、平越清平西苗之外，更加细分出了不少，像龙家就分出普定永宁的马镫龙家和广顺大定的龙家；而到了现代学者普遍关注的嘉庆年间陈浩《八十二种苗图并说》，则分得更细致，由于这一苗图影响极为广泛[4]，因此奠定了后来所谓“八十二种”的苗疆族群分布的基本格局。[5]但是，所谓苗疆的“苗夷”，从族群上说，真的可以分八十二种吗？这种细密的族属分类依据是什么呢？[6]

第二，反过来，这些数量众多、差异很大的人们，可以在一个“苗”字下，都归为一个族群吗？

1　其中尤其是被称为“白罗罗”和“黑罗罗”，也就是后来被识别为“彝族”的部分，更与苗族不能划为一个族群，鸟居龙藏曾经指出，贵州的苗子、云南的猓族和倮猡“实为贵州、云南、四川三省之三大特殊人种”。参看《苗族调查报告》（国立编译馆译，上海：商务印书馆），“绪言”，第5页。

2　陈鼎：《滇黔纪游》（北京：北京师范大学藏清康熙刻本），《四库存目丛书》（济南：齐鲁书社影印本，1996年）第255册，第21页上。

3　田雯：《黔书》（《丛书集成初编》第3182册，北京：中华书局，1985年）卷一，第7—8页。

4　陈浩的这个苗图影响很大，后来各种各样模仿重绘的《苗蛮图》《黔苗图》或《百苗图》，散布在世界各地，1973年“中央研究院”历史语言研究所影印，芮逸夫作序的《苗蛮图册》，就是其中之一。这部作品在西文学界影响也很大，著名的传教士裨治文（Elijah Coleman Bridgman）最早于1859年就在《皇家亚洲文会北华支会会刊》（*Journal of the North-China Branch of the Royal Asiatic Society*）第1卷第3期上，发表《苗族概说》（“Sketches of Miau-tsze”），介绍了这个《八十二种苗图》，因此后来影响很大。1883年，英国传教士克拉克（George W. Clarke）又全文翻译了根据陈浩本重绘的《黔苗图说》八十二种，题为“Translation of Mannscript iccount of the Kweichow Miao-Tzu”，作为柯乐洪（Archibald Ross Colquhoun，1848—1914）的著作《通过华南边疆从广州到曼德勒旅行纪事》一书的附录。

5　也有分得更细的，比如程树棠《中国西南的苗族》，居然把贵州苗族分成九十九种。载《珞珈月刊》（1935年）第2卷第6期，第1238—1244页。

6　有一种说法，即英国传教士克拉克认为，贵州的非汉族人群，简单区分，可以分为仡佬、苗、倮罗（彝）和仲家。姑备一说。

无论从语言、习俗、服饰上，还是历史叙事和自我认同上，各种苗图中所谓的“苗”，显然都不是一个自我界定很清晰的族群。除了现在被“民族识别”已经分别开的，如彝族（黑罗罗、白罗罗）、布依族（仲家）、水族（水家苗）、侗族（洞苗）之外，恐怕还有很多被称为“苗”的人，如果根据历史文献的记载，或许本来应当归为其他族群[1]，甚至原本是华夏或汉族人。比如，仲家苗传说是五代时期随着楚王马殷从广西迁来的[2]，宋家苗“本中国之裔”，据说是春秋时代宋国后裔，蔡家苗传说也是来自内地，春秋时代“为楚子所俘”的蔡国后裔。被称为“洞苗”的那一部分，在今天柱、锦屏两地，据说“苗通汉语居平坦，善种棉花力垦田”；而被归入“苗蛮”的瑶人，虽然也祭祀盘瓠，但原本并不在贵州，是雍正年间才从广西迁来，而且他们自有文字，“所藏之书，名为旁砖，圆印篆文，义不可解，且自珍而秘之”。[3] 特别是在宋元明清近千年的历史上，有很多汉人进入贵州[4]，明代卫所军人连同家属甚至超过万人，更有辗转谋生的外地移民以“商屯”“民屯”进入贵州，也有经营图利的汉族商人和工匠，尤其是开采朱砂的官商，甚至也有混入苗民之中，以出谋划策谋生的读书人。[5]最近看詹姆斯·斯科特（James C. Scott）的《逃避统治的艺术》（*The Art of not Being Governed: An Anarchist History of Upland Southeast Asia*）[6]，其中就讨论到，很多云南、贵州的族群，其实可能就是逃避中原王朝、来自各地的“移民”。

第三，这些非常复杂的被称为“苗”的族群，可以追溯出共同的历史渊源吗？换句话说，就是他们能有共同的历史认同吗？[7]

---

1 举一个例子，在20世纪30年代有人甚至把“摆夷”（傣族）和“野人”（景颇）也归入广义的“苗族”，参看李灿：《云南边区的两种苗族：摆夷与野人》，载《文化建设月刊》（1937年）第3卷第7期，第105—112页。

2 明代沈庠等《贵州图经新志》：“五代时，楚王马殷遣八姓率邕管柳州兵，讨两江溪洞，至此留军戍之，遂各分据，号八番。”郭子章《黔记》同。当然，也不排除他们这种历史溯源，是为了纳入主流而主动攀附。

3 见早稻田大学藏《黔省诸苗全图》（早稻田文库本）之“猺人”。

4 最近就有人指出：“近日所论之苗族、侗族或其他少数民族，若细辨人口移动史，其先祖在明清乃至民国时期，或即是汉人。”见吴才茂：《超越地域与民族：清水江文书研究再出发》，载《中国史研究动态》（2017年）第5期，第45页。

5 宋代的周去非在《岭外代答》（北京：中华书局，1999年）卷二“外国门”中说到海南黎人的一个现象，可以说明，自从宋代起，就有汉人掺入异族的现象，他说黎人有生熟，其中“熟黎多湖广、福建之奸民也，狡悍祸贼，外虽供赋于官，而阴结生黎以侵省地，邀掠行旅居民，官吏经由村峒，多舍其家”。第70页。

6 詹姆斯·斯科特：《逃避统治的艺术：东南亚高地的无政府主义历史》（王晓毅中译本，北京：生活·读书·新知三联书店，2016年），第168页。

7 最近看到麻勇斌《苗族跨国认同研究的几个问题》，此文讨论苗族形成跨国认同问题，我大体归纳其观点如下：一是要把蚩尤视为一个历史人物，建立各地苗族共同的历史记忆；二是对于苗族不同自称和他称，要归纳出共同的语音和语义关系，使不同自称的苗族之间形成有语源上的联系；三是用传统文化（内力）和国家力量（外力），使不同自称的苗人建立“苗族”的认同；四是中国学者要针对西方的误解，对苗族跨国认同要有所作为。见《地域文化研究》（长春：吉林省社科院，2018年）第3期，第56—66页。但这主要说的是跨国的苗人之认同如何建立，而不是原有苗族的认同之状况。这种建立苗族自我认同的焦虑，反而说明民族识别之后形成的“苗族”，在历史认同方面还存在一些难点和问题。

鸟居龙藏在其开创性的《苗族调查报告》中指出，中国古代文献中有关南部蛮族的记载，很难区分他们分别是苗，还是瑶、侗、僮、僚。[1]在现在的各种民族史著作中，除了传说中的祖先“蚩尤”和笼统含糊的名称“西南夷”之外，很难有一个清晰条理的历史系谱。过去，很多学者习惯把历史文献中的各种异族名称与现存的各种少数族群做精准对接。不妨举几个例子，比如，对西南苗彝，有人就把中古时期信仰盘瓠的武陵蛮、五溪蛮和苗族对接[2]，但在传统文献记载中，中古时期这两种蛮族都在湖南西部，虽然靠近“苗疆”也就是苗人核心区域，但主要是在苗疆东边；又比如，也有人根据《新旧唐书合抄》的记载，把苗瑶追溯到“东谢蛮”和“西赵蛮”，认为前者分布在牂牁管辖的贵州东北部，而后者分布在今广西、湖南、广东三省交界处。甚至还根据费孝通的猜测，断定东谢蛮和西赵蛮的分化，就是“苗”和“瑶”的分化。[3]但是问题是，这种猜测与后来苗族的中心地域并不吻合，也很难有清晰的历史系谱可供追寻；再比如，也有人把宋代的辰州蛮和苗族对接，但宋代的辰州蛮主要在“潭之梅山”（今湖南安化、新化），即今沅水、资水之间。尽管我们不能说武陵蛮、五溪蛮、辰州蛮就一定和现代苗族无关，但显然现代苗族绝不是它们的“一线单传”。[4]显然，我们无法清晰地追溯这个庞大而复杂的族群之来源，除了“西南夷”之外，无论是后来的僚、洞、蛮、夷，还是其他名称，看来都不完全适合作为“苗”的前世族群，也无法让学者梳理出清晰的线性的苗族史系谱。

现在，民族学和人类学逐渐从“本质论”转向“建构论”，倾向于某些族群是通过历史上的认同逐渐形成的，这种说法当然有道理。只是我仍然倾向于“本质”与“建构”的结合。这就好像冬天滚雪球，总是要先有一个雪团，然后才能越滚越大一样。我以为很有可能这个自称“Hmong”也被人称“苗”的族群，原本就是从“西南夷”中某个群体开始，经过漫长的历史逐渐建构，又被后来的“民族识别”形塑出来的。但是，历史上最早最核心的那个雪团，究竟是什么，现在已经无法说清了。当年，鸟居龙藏曾经感

---

1 鸟居龙藏：《苗族调查报告》第一章《关于苗族之文献》，第1页。但过去很多民族史著作，往往会把这些历史记载中的古代族群名称，与今天经由民族识别后确立的各种实际族群一一对应，如猺对应“瑶”，獞对应“壮”，狪对应“侗”，獠对应“仡佬”。

2 如日本学者村松一弥就以信奉盘瓠为根据，把武陵蛮之五溪蛮算成是苗瑶之来源；见其《苗族》一文，陈翠年译自《中国少数民族——历史、文化及现状》，载《民族史译文集》（北京：中国社会科学院民族研究所，1978年）第五集，第81页；又见陈心传《五溪苗族兵事》（及续一至三），载《边疆月刊》第1卷第4至第7期；从这个标题可以看出，五溪蛮和苗族就在起源和历史上产生直接联系了。

3 伊茨著，冯思刚译：《东亚南部民族史》（成都：四川民族出版社，1981年），第310页。

4 例如中古时期的五溪蛮，现在被认为和侗族、畲族、土家族都有关系，那么，这个系谱如何处理？其实，一些民族史研究者已经看到了这一点，如田玉隆等《贵州土司史》（贵阳：贵州人民出版社，2006年，第4—6页）的“代序”中就已经指出：“古代民族不是都发展成今天民族，同一民族的人也不完全发展成今天的民族。古民族在发展过程中，有分裂出去，又有同化进来……长江流域以南，现在有二三十个民族，其先民自古交错杂居，这就决定了这个地区的古民族在称谓上具有专称和泛称性质，例如蛮、夷、濮、僚、苗、越等古民族，就分别发展成今天南方各民族，都可以说是今天南方各民族的共同祖先，这就是古民族的泛称性。”

慨地说，纯粹人种意义上的“纯苗”不过数种而已，“其他均非纯粹之苗也”。其实，我们不妨更进一步说，从一开始就无所谓什么“纯苗”，就像没有“纯汉”一样，这些族群在历史上早就杂糅了各种来源和成分。[1]

显然，我们必须时时警觉，在民族史的学术研究中，这些出自满、汉官僚士大夫之眼的苗族图册，并不完全是准确和系统呈现贵州族群情况的资料，必须看到它的背后，还有“观察者”的主观想象和文化偏见。

三、化生成熟？从“西南夷”到“大西南”

毫无疑问，“苗族图”或“百苗图”并不是现代意义上的民族志，只是民族志的某种图像资料。如果不加分辨地把它当作土著或异族的资料，我以为，需要小心再小心。前面我说，因为图绘蛮夷的时候，那些图像经过了图绘者的眼睛。如果注意这些图像资料的作者，你会发现，他们都是满、汉官员或文人，无论是伯麟、陈浩还是《蕃社采风图》的作者六十七。有学者曾经提醒我们，《皇清职贡图》中虽然有各族及异国，唯独没有汉人、满人和蒙古人，这是为什么？就是因为在图绘异国和蛮夷这些帝国的“他者”时，在当时人看来，满、汉、蒙都是帝国的“我者”。

不过，从这些图像与文字资料中，我们可以看到的是，中央帝国努力把“异域”变成“新疆”，逐渐使苗疆“文明化”的意图。这就是所谓化“生”成“熟”，正如前引詹姆斯·斯科特所说，“文明化的序列，即民、熟番、生番的序列，也同时是国家统合从强到弱的序列”[2]。由“生”变“熟”，如前所说，就是使“向无君长”的苗彝成为编户齐民，把“他者”改造成“我者”，把异类文化纳入主流文明。我们可以从中观看，在各种苗图之类的图像中，作为观察者和绘制者的满、汉知识人和政府官员是如何理解他们眼中的“苗彝”的。

“黔地夷风本是蛮。”[3]在他们的眼中，蛮夷就是意味着野蛮。正如康熙年间陈鼎《滇黔纪游》中所说，“（九股苗）以十一月为岁首”，“元旦杀牛、焚布以祀天，自古不服中国”，并且烧杀抢掠，骚扰四境。[4]爱必达在《黔南识略》中也说，苗疆的“苗、仲、仡、猓、瑶、僙之族，蜂屯蚁聚，大抵多疑尚鬼，嗜战斗，重报复，轻矫剽悍，易动而难静，

1 鸟居龙藏：《苗族调查报告》，第45页。

2 前引詹姆斯·斯科特：《逃避统治的艺术：东南亚高地的无政府主义历史》，第146页。

3 早稻田大学藏本《苗图》中“红仡佬”一页题词。

4 前引陈鼎：《滇黔记游》（北京师范大学藏清康熙刻本），载《四库全书存目丛书》（济南：齐鲁书社影印本）史部第255册，第18页下。

于西南诸蛮夷为患尤剧”[1]。不过，随着朝廷逐渐从间接羁縻转向直接统治，这些被视为不文明的蛮夷，在朝廷和军队的武力管控与官僚和士绅的文明教化的双重影响下，似乎显示出从野蛮到文明的变化，熟苗和生苗之间，只是有着“先进于礼乐”和“后进于礼乐”的差异。那么，在绘制者心目中，文野之分在哪里呢？其实，就在欧美学者往往不愿意使用，而我们常常不加分别地使用的概念“汉化”上。

在各种各样的苗族图册中，我们可以看到，文野之分或者说“汉化”和“夷化”之分，大致上可以包括以下几类[2]：

（1）各种苗图描绘近乎文明的苗人，往往说他们采用农耕方式，男耕女织，而且遵纪守法，而描绘近乎野蛮的苗人，往往会描绘他们依靠狩猎，手持兵器，茹毛饮血，而且违法乱纪。像黑脚苗“头戴白翎，出入成群，手持兵器，以抢劫为能”；生苗“多野性，所食咸生物，即鸟鱼之肉，亦以微热带血为鲜美”；仡佬“猎兽即咋食如狼”，而且“男子出入佩刀弩，有仇必报”；而清江的黑生苗则有如强盗，“性情凶恶，访知富户所居，则勾连恶党，执火把持长镖利刃以劫之”。

（2）各种苗图描绘近乎文明的苗人，往往说他们的日常生活清洁整齐，按照礼法，畏惧官府，而描绘近乎野蛮的苗人，往往会描绘他们的日常生活桀骜不驯，混乱肮脏，多重巫觋。比如，猪屎仡佬、剪头仡佬，在他们笔下，就是“身面经年不洗，其臭秽不堪，与犬豚共处”，而平越的锅圈仡佬“病不服药，用面作虎首，延鬼师祷之”；而紫姜苗则“轻生好斗，如遇仇人辄生啖其肉”。

（3）各种苗图描绘近乎文明的苗人，往往说他们家族关系有序，婚丧嫁娶按照礼仪制度，比如婚姻有媒妁之言等，而描绘近乎野蛮的苗人，往往会描绘他们男女关系混乱，对尊亲不敬。例如，平越夭苗女子造楼野处，吹笙诱人苟合；青仲家男女之间“所私者曰马郎，夜则与之饮，父母知而不禁，唯避其兄弟，婚姻苟合”；大定的白倮罗人，凡死就用牛马草裹而焚烧，而威宁郎慈苗在父母死后，更是把死者的头硬扭到反向，“谓□好看后人”。

（4）各种苗图描绘近乎文明的苗人，往往说他们通汉语，读书入泮，而描绘近乎野蛮的苗人，往往会描绘他们不识文字，没有教养。比如白倮罗不仅茹毛饮血，而且“地属鬼方人信鬼，蛮文蚓结漫无稽”；青狆家则“不知正朔文字，以木刻为信”。

在形容这种从野蛮向文明转变的图像和文字中，常常看到雍正年间“改土归流”的

1　爱必达：《黔南识略》（贵阳：贵州人民出版社，1992 年），“原序”，第 15 页。

2　以上均参看国内外收藏的清代各种《苗图》，如《苗蛮图》（剑桥：哈佛燕京图书馆）、《苗蛮图册》（台北：“中央研究院”历史语言研究所）、《黔省诸苗全图》（“早稻田文库”，东京：早稻田大学图书馆）、《蛮苗图说》（东京：早稻田大学文学部）、《苗蛮图册页》（巴黎：汉学研究所图书馆）等。国内收藏颇多，可参看李汉林：《百苗图校释》（贵阳：贵州民族出版社，2001 年）。

关键性影响。像黑苗原来性悍好斗，但“自雍正十三年剿抚后，凶性已敛”；而清江的黑生苗，“自雍正十三年收服后，今咸向化矣”。很有趣的是，无论是满、蒙、汉官员，他们心目中“人皆向化”的这种“化”，都是以传统汉族的儒家礼乐文明为标准的。同时，这些过去在主流文化边缘的区域，在被“殖民”和被“征服”的过程中，一些土著族群的精英也在逐渐顺应帝国的政治权力，他们一方面在与中央王朝的合作中，寻求政治权力和经济利益[1]，一方面在新的文明中重新审视和定义自己的身份和文化。[2]我们从文献中看到，这些土著族群的精英，除了争取朝廷任命、学说汉语、改用汉姓、常穿汉服之外，他们往往借用以下几种方式，融入帝国的主流文明，包括（1）参与科举，进入王朝的官僚系统；（2）重写族群历史，建立新的谱系；（3）疏通官府，争取新的封敕任命，赢得合法性权力。

这说明了什么呢？我在《历史中国的内与外》一书中，曾经对这种被称为“汉化”/“殖民”的过程有一些讨论[3]，这里不妨进一步申论。我以为在贵州苗疆的“改土归流”的历史过程中，有三个面向都必须给予同等注意：

第一方面是武力征服。这种类似“殖民”的历史过程中，既有血也有火，伴随着残酷的杀戮，才把西南各民族逐渐纳入帝国版图，当作政府直接管辖下的编户齐民。前面我们曾提及雍正年间鄂尔泰对贵州“改土归流”时的若干战争，其实，在此后的一个多世纪中，这种残酷的征服一直没有停止过[4]，例如，乾隆六十年至嘉庆二年（1795—1797），就有朝廷对以腊尔山为中心，吴八月、石柳邓领导的苗民反抗进行镇压的战争；咸丰五年至同治十一年（1855—1872），也有清朝军队对以贵州六厅为中心，张秀眉等领导的苗民反抗进行长达十几年的战争。在这些大大小小的战争中，清帝国军队的手段相当残酷，如乾隆六十年（1795）福康安率军攻陷腊尔山苗寨时，曾把苗人首领石三保家

1 滨下武志指出，土司土官的朝贡，由礼部所属的会同馆设市进行贸易，贡品包括马和金银器等，“在回赐方面，以马一匹钞100锭的标准给予回赐。另外，对于朝贡的赏赐，要按规定以土官的官品级别分别给予不同的回赐”，“对朝贡给予的回赐报酬很多，以钞（纸币）和丝织物进行支付”，见滨下武志著，朱荫贵等译：《近代中国的国际契机：朝贡贸易体系与近代亚洲经济圈》（北京：中国社会科学出版社，1999年），第41页；其实，中外学者早就指出，传统的“厚往薄来”政策，说明对于中国的统治者而言，朝贡的政治象征和道德价值是最重要的，但从争相前来的现象看，对于外国与边缘族群来说，朝贡行为中最重要的可能是贸易或赏赐的物质利益。

2 有学者把这种顺应朝廷政治权力的现象，叫作土司地区的“国家认同”，但土司这些行为的目的，是否就是认同“国家”？这一点可以讨论，见彭福荣：《试论中国土司国家认同的实质》，载洪涛主编：《土司制度与土司文化新论》（北京：中央民族大学出版社，2015年）；陈季君：《论土司地区的国家认同》，载《中国史研究》（北京，2017年）第1期，第23—34页。

3 葛兆光：《历史中国的内与外：有关“中国”与“周边”概念的再澄清》（香港：香港中文大学出版社，2017年），第87—101页。

4 其实，这些战乱的原因就来自对苗民的严酷统治、枉法贪腐、敲诈勒索。光绪年间的罗文彬等对被称为“苗祸”的这些事件有相当清醒的反思，他说：“苗祸之兴，半由抑勒，教匪之起，多藉征收。抑勒之弊，官吏、通事、土司、奸商，扶同朋比，事不一端，人不一术也；征收之弊，踊戥、踢斛、样盘、零尖，巧取求禾，不在正供，而在格外也。”《平黔纪略》，“例言”，第8页。

的祖坟“刨挖七处，悉令挫骨扬灰”；而咸丰同治年间清军平定张秀眉反抗后，贵州当地“上下游废田不下数百万亩，流亡可复者仅十之二三”，“降苗所存户口，较前不过十之三”；当时是“村市瓦砾，田陇荒芜，思（州）、铜（仁）一带，榛莽成林，民以沟壑余生”。[1] 尽管最终大清帝国完成了州县制度和编户齐民的大业，但这惨痛的历史，不能不说是所谓“汉化”或“文明化”的代价。

第二方面是文化教育。在清朝官僚与士人的心目中，生苗与熟苗的差别有三：一是与汉族关系之远近，“生苗概不与汉族接近，唯熟苗则尚有交通”；二是接受官府制度与否，“黔中向以剃发者为熟苗，蓄发者为生苗，熟苗能通汉语，安分守法，生苗则梗顽难化，与汉为仇”；三是生活方式是否文明，即是茹毛饮血、劫掠为生，还是男耕女织，力田务农。因此，在大清帝国推动的“化生为熟”过程中，官僚与士人实际上是以汉族文明作为标准的，所以常常说，要“变苗为汉”。因此，他们一直强调推广男耕女织、识字守法、婚丧礼仪等汉族传统文化和习惯，通过教育使得苗族接受汉族儒家礼乐习俗，以此改造和驯服那些异族。从雍正年间鄂尔泰、张广泗建议设立义学“化导苗民子弟”起，逐渐增加州县应试定员，把这种通过进学、科举改造苗人文化的举措制度化，他们相信这种措施不仅影响熟苗，而且“因之化外生苗率皆闻风向化”[2]。在同治年间，曾纪凤、罗应旒等有关治理贵州苗疆的各种建议中，也一再说到“变苗为汉”或“化苗为汉”，他们强调这是帝国治理苗疆的重要策略；而所谓“变苗为汉”的主要途径，就是用汉族文化改变苗族习惯。曾纪凤所谓治理方略“七条”中就说到，自从雍正年间新设立六厅，虽然没有学官，但是八寨、丹江、都江、台拱、古州等都设立了义学，“即奉谕旨，选择塾师，训导苗人，并准酌取入学，涵濡至今，骎骎乎椎髻衣冠矣”。所以，在新的形势下，应当把六厅改为帝国正式的州县，并设立正式的学官。他认为，这样“养之教之，渐之摩之，当不难化狉榛为文物也”。[3] 最典型的一个例子是著名士大夫陈宝箴对王文韶的建议，他认为“欲永绝苗患，必先化苗为汉”，而具体策略就是“除令薙发缴械外，欲令其习礼教，知正朔，先自读书，能汉语始”，要招募通汉语和苗语的人为教习，“使苗人子弟入学读书，习汉语”，同时“复严禁苗俗，如男女跳月，兄弟转婚，及椎髻拖裙，黑衣带刀，祀牛角不奉祖宗之类”。[4]

第三方面是主动适应。当地苗族精英们，他们为了利益和权力，想方设法进入王朝的政治秩序，也为了生存，不断修正自身的身份和文化，我们应当注意到这种边缘族群

1　罗文彬等：《平黔纪略》卷十九，第 532 页。

2　关于这一方面的资料，不一一列举，可以参看《贵州通志》的《学校志》之记载。

3　罗文彬等：《平黔纪略》卷十九，第 530 页。

4　罗文彬等：《平黔纪略》卷十九，第 535 页。率军征讨苗民的清廷将领曾璧光、周达武也上书建议：“此次平定后，无论生苗熟苗，胥令薙发缴械，且变其服饰，杂服蓝白，不得仍用纯黑。于此再严行保甲，杜其盗源；酌设义学，导以礼教，庶几化夷为汉，可图久安。”第 525 页。

进入主流的主动和寻求承认的努力。[1]

毫无疑问，帝国对于边缘的统治相当残酷，就连皇帝也不能不承认，“以前汉人视苗人如奴隶，多方凌虐，以至激成变端”[2]，但是，毕竟帝国时代的所有权力和利益都来自皇帝，很多苗族上层人士甚至一般民众，在帝国统治之下，只能通过靠拢官府，攀附皇权，甚至混同汉族或跻身主流来获得权力和利益。在这一方面，大约有三种途径最为常见。首先，是通过读书习得汉族文化，借助科举成为官僚阶层，这是清帝国本来就十分鼓励的途径。因此，雍正十二年（1734）苗疆黎平土司龙绍俭，就曾经请求参加科举考试，因为“汉官之前途远大，而土职之上进无阶”[3]。其次，是顺应时势，改变习俗和服装。罗应旒曾举湖南镇、筸三厅和四川黔、彭、酉、秀四州为例，说那里“苗人言语服制与汉人同，杂处相安久矣”，甚至当有人被说成是“苗人”的时候，还要“争辩为耻”。在权衡利弊之后，部分生苗也往往会像熟苗一样，逐渐在语言、服饰、生活上向汉人靠拢。[4]再次，是重新书写自己的族群系谱，攀龙附凤地把历史追溯到汉族地区名门望族。谭其骧先生《播州杨保考》曾经讲过一个贵州的例子，即明初宋濂《杨氏家传》曾记载播州杨氏（赤水河流域少数族群）出自太原，后在会稽为望族，并和杨家将后代杨充广在广西通谱，也算是太原杨家将一族，他指出，这是汉化之后的“依附虚构之辞”[5]。其实这种情况非常多，有人怀疑所谓战国宋、蔡之后裔的宋家苗、蔡家苗，就是后来攀龙附凤构造的族源，而且越到贵州日益纳入帝国时，这种自称祖上来自汉族地区的例子就越多。有学者以大方谢氏重修《世系考》自称苗人谢氏是明初随同明代建文帝出逃者，故祖先来自南京为例，指出“杜撰祖先是汉人，清代嘉、道时极为盛行，有权势有财势者重修族谱，都附会汉族为祖先”[6]。

以上这三方面综合起来，加上建驿路、设州县、建保甲等帝国制度在苗疆的逐步落实[7]，这才是所谓“汉化”的全貌。也正是因为部分苗彝在明清两代日渐“汉化”，加上他们历来“无君长，不相统属”的社会状况以及这一区域的非汉族群并未形成共同的历史系

1 这一类当地族群精英通过读书和科举，逐渐融入主流的资料很多。正如贺长龄《滇省西南诸夷图说》（德国莱比锡民族学博物馆藏本，第1页）“序”中所说，“我朝声教远敷，诸夷与汉人杂居者，多知向化读书习礼，不惟列庠食饩者比比而出，且缀科名登仕版者亦颇有人，服食婚丧悉变汉俗，讳言为夷矣”。

2 罗文彬等：《平苗纪略》卷十九引上谕，第533—534页。

3 参看晏斯盛：《楚蒙山房集》之“土司乡试”，《清代诗文集汇编》（上海：上海古籍出版社影印本，2010年）第270册，第84页。参看陈季君：《论土司地区的国家认同》，第32页。

4 罗文彬等：《平黔纪略》卷十九，第531页。

5 参看谭其骧：《播州杨保考》。此文指出，明初宋濂《杨氏家传》记载的播州杨氏（赤水河流域少数族群），其实本来就是泸、叙二州迁来的少数民族，“这种民族应为罗族（今称彝族）的一支”。载《贵州民族学院学报》（1982年）第1期，第1—23页。

6 田玉隆等：《贵州土司史》，第10页。

7 雍正年间改土归流过程中，苗疆不断开通道路，设立了各级州府县厅，并且“按寨大小，酌定乡约，保长、甲长，约束稽查”，同时征用“诸苗悦服之人，立为苗长，以稽捕缉之事”，让苗民管理地方秩序。见前引蒋良骥《东华录》卷三十、卷三十二记载雍正七年至十二年事，第428、496页等。

谱，所以，他们并不像满、蒙、回、藏那样，成为中国内部“异质性”很强的族群。也正是由于这一原因，在晚清民初重建“中国”的时候，他们就往往被忽视而不列于“五族”之内，处于尴尬的位置。一直要到“二战”中，大后方西南地位日渐重要，这里的民族问题才逐渐凸显，成为学界关注的焦点。而最终成为一个现代法律意义上的民族，恐怕还要经过1949年以后所谓“民族识别”，才整合与形塑出这个拥有上千万人的统一“苗族”。

这里重新讨论一下所谓“汉化”。如果我们能够回到那个时代，我们可以知道，在没有另外一种强势文明冲击的情况下，来自汉族的儒家礼乐文明，曾被当作“放之四海而皆准”的文明规则和普世价值。在传统帝国时代，即使是满族统治的清代，满、蒙、汉知识人和官僚仍然会不自觉地认为，唯有儒家礼乐文明才文质彬彬，有了“文明”才能建立“秩序”。因而，迫使异族“文明化”即“汉化”，不仅是帝国官僚也是士绅以及读书人的责任，而且还可能有当地族群精英们融入主流的自我改变。[1]当然，从世界历史变迁大势，也就是后见之明来看，这只是一种对自身传统的想象，传统中国的知识人和官僚们，把原本是地方性的儒家礼乐文化，当成了放之四海而皆准的普世文明，把“汉化”看作“文明化”。所以，19世纪之后，西潮东来，在坚船利炮之下，另一种来自西方的地方性文化显示出优越性，并成为强势的普世文明，于是，儒家礼乐文化就从“普世的”转为“地方的”，“汉化”则成为历史叙事中，既尴尬而又政治不正确的概念。

四、从民族史研究的学术史背景看苗族图像资料的意义

可能很多学者都注意到，近几十年里，中国华南和西南边缘区域的族群、文化、历史成为西方学界关注的研究领域，仅仅英文世界就出版了不少著作[2]，略举几例：

郝瑞（Stevan Harrell）:《成为民族之路：中国西南地区》（*Way of Being Ethnic in Southwest China*, Seattle: University of Washington Press, 2001）。3

白荷婷（Katherrine Palmer Kaup）:《创造壮族：中国的族群政治》（*Creating the*

---

1 羽田亨《汉民族の同化力说に就いて》曾经引用1904年白鸟库吉在东京帝国大学的讲义和1936年王桐龄在东洋史谈话会的讲话，认为“汉化”是由于古代东亚汉文化程度最高，其他民族也以汉文化作为“最高标准”，因此，汉化常常是一种必然趋向（引注：当然也有反向“胡化”的情况）。但这种“汉化”并非仅仅由汉族自己的力量，也是由进入中国的异族自己参与、承认并制造出来的。原载《东洋学报》（1944年）第29卷第3、4号，后收入《羽田博士史学論文集·歷史篇》（京都：同朋社，1957年、1975年），第716—726页。

2 根据邹立波、李沛容《西南边疆在明清史研究中的地位——美国现代学术视野下的中国西南边疆史研究》的统计，从1993年到2013年，美国各大学与明清时期西南边疆研究直接相关的学位论文近30篇，从2001年起到2013年，美国出版有关西南边疆与民族的著作，关于云南的3种，贵州和广西的各2种，四川的1种，跨云贵川的1种。参看《思想战线》（昆明，2013年）第6期，第151页。但这也许还不是全部。

3 郝瑞另有《田野中的族群关系与民族认同——中国西南彝族社区考察研究》（巴莫阿依、曲木铁西中译本，南宁：广西人民出版社，2000年）。

Zhuang: Ethnic Politics in China, London: Lynne Rienner Publisher, 2000)。[1]

何罗娜（Laura Hostetler）:《清代殖民事业：前近代中国的人种志与图像学》(*Qing Colonial Enterprise: Ethnography and Cartography in Early Modern China*, Chicago: University of Chicago Press, 2001)。[2]

王富文（Nicholas Tapp）和丹·库恩（Don Cohn）合编:《中国西南的部族：中国人对国内"他者"的观点》(*The Tribal Peoples of Southwest China: Chinese Views of the Other Within*, Bangkok: White Lotus Press, 2003)。[3]

乔荷曼（John E. Herman）:《云雾之间：中国在贵州的殖民》(*Amid the Clouds and Mist: China's Colonization of Guizhou, 1200–1700*, Cambridge, Mass.: Harvard University Asia Center, 2007)[4]

杨斌（Bin Yang）:《季风之北，彩云之南：云南的形成（公元前2世纪至公元20世纪）》(*Between Winds and Clouds: The Making of Yunnan, Second Century BCE to Twentieth Century CE*, New York: Columbia University Press, 2008)。

毫无疑问，这些著作表现了欧美学界近年来受到新的历史观念、理论和方法的影响，对于"殖民""帝国"，以及"边缘""流动"等历史的关注，因此，边缘族群的历史研究成为热点。从学术史上看，我把它看作近年来西方学者对传统中国民族史研究的反思和审视。

正是在这样的学术史背景中，苗族图像资料，引起了国内外很多学者的关注。也正是这一学术史趋势的刺激下，复旦大学、京都大学和香港城市大学开始合作，对收藏在京都大学的这五种苗图进行了整理和研究。日本京都大学地理学研究室对于这些收藏已久的图像资料，早就有整理和发表的意愿，而复旦大学文史研究院对这些涉及民族史的资料也同样抱有极大兴趣。复旦大学文史研究院在成立之初，就曾经提出过整理"域外所藏有关中国的图像"的设想。近几年，在连续七届合作举办东亚人文研究博士生研讨会的过程中，大家不约而同关注到了这些资料的意义，因此在前年（2017），大家商定共同整理这些多年来收藏在日本京都大学，从来没有公之于众的苗族图像资料，并且在中国著名的出版社商务印书馆出版。

于是，便有了现在呈现在各位读者前面的这部图册。

1　此书有中译本（侬春明译，昆明：云南民族学会壮学研究委员会自印本，内部发行）。

2　有关此书，可以参看吴莉苇的书评论文《比较研究中的陷阱——评劳拉·霍斯泰特勒〈清代殖民地事业〉》，载《史学月刊》（开封，2005 年）第 6 期，第 83—92 页。

3　这是他们对《百苗图》的翻译和解说。其序言用了"在边陲"（In the Borderlands）作为标题，很有相对中心，作为边缘之意味。王富文（1952—2015）是一个苗族研究领域中很值得注意的学者，他曾经在泰国和中国研究过苗族，在泰国清迈的苗族区域生活过 18 个月，并且因为居住在一个姓王的苗人家庭中，所以自己取了一个汉文名字姓王。

4　有关此书，可以参看李林的书评论文《开化与殖民两套诠释话语的论争与困境》，载《"中央研究院"近代史研究集刊》（2013 年 6 月）第 80 期，第 151—170 页。

文献学调查

陈佑真　王　欢　早川太基
（京都大学大学院文学研究科）

京都大学附属图书馆及文学研究科所藏苗图方面的资料有以下五种：

（1）京都大学附属图书馆所藏《进贡苗蛮图》（4329）、（4330）、零册　6-23/シ/1贵

（2）京都大学文学研究科所藏《苗族画谱》①—④　地理研K7||37||贵重

（3）京都大学文学研究科所藏《滇省苗图》　地理研K7||28||贵重

（4）京都大学文学研究科所藏《黔省苗图》　地理贵K7||29||贵重

（5）京都大学文学研究科所藏《苗图》　东洋史贵B XI m||20-1||贵重

以上五种苗图之中，（2）到（5）都是京都帝国大学在设立不久时作为图书馆藏书所购买的资料，查其校方藏书印及购书目录等记载，收藏时期都在大正三、四年（1914—1915）。唯有附属图书馆所藏（1）是在昭和二十一年（1946）购买的。距京都大学收藏这些资料到如今已逾百年，而目前这些数据的学术价值尚未被充分利用。如今日本国内学界关于中国南方少数民族的民族血统、语言文化、宗教信仰、生活习惯、农工业等方面的学术著作并非罕有，但管见所及，难以找到有关苗图的研究报告或论文，将这些珍贵的资料束之高阁实为可惜。又观画册品相，虫蛀、脱胶与脱页部分较多，保存状态不甚理想，有待日后修补。

京都大学所藏苗图的版本信息如下：

（1）-（4329）京都大学附属图书馆所藏《进贡苗蛮图》　6-23/シ/1贵

京都大学附属图书馆电子版

https://rmda.kulib.kyoto-u.ac.jp/item/rb00013356

京都大学附属图书馆图书目录　6-23/シ/1贵·昭和二十一年四月一日受入（1946年4月1日收藏）

登记编号 4329

藏书章 “京都帝国大学图书之印”（朱文方印）、“民族研究所图书印”（朱文方印）

画册尺寸 29.5×17.5厘米

每页尺寸 29.6×17.5厘米

图绘尺寸 25.8×16厘米

封面或夹板材质 木夹板。折帖装。木板中央白纸题签，上有隶书“进贡苗蛮图”五字，下有楷书“臣陈枚恭画”五字。

全本页数及图绘数量 图绘45张。

图一 《进贡苗蛮图》木夹板

用纸特征（图案等） 图绘皆为纸本水彩，图画周围用布装裱。

其他文字记载（字数及行数等） 第1页浮签：“陈枚，清，娄县人。字载东。又殿抡。号枝窝头陀。雍正时官内务府郎中。画人物山水花鸟。得宋人法。”（钢笔手书）浮签上下两边有印数字“□935”（□不可判读，看似“2”，恐亦故意删去）。

其他　画册中文字均避清宣宗御讳“宁”字，而不避清穆宗御讳“淳”字，因此制作期间应属于道光、咸丰年间。一般来说，康熙以后都会避圣祖嫌讳“畜”“弦”等，而此本全不避讳。

（1）-（4330）京都大学附属图书馆所藏《进贡苗蛮图》 6-23/ シ /1贵

京都大学附属图书馆电子版

https://rmda.kulib.kyoto-u.ac.jp/item/rb00013356

京都大学附属图书馆图书目录　6-23/ シ /1贵・昭和二十一年四月一日受入（1946年4月1日收藏）

登记编号　4330

藏书章　“京都帝国大学图书之印”（朱文方印）、“民族研究所图书印”（朱文方印）

画册尺寸　29.5 × 17.5厘米

每页尺寸　29.6 × 17.5厘米

图绘尺寸　25.8 × 16厘米

封面或夹板材质　木夹板。蝴蝶装。木板中央白纸题签，上有隶书“进贡苗蛮图”五字，下有楷书“臣陈枚恭画”五字。

全本页数及图绘数量　图绘19张。

用纸特征（图案等）　图绘皆为纸本水彩，图画周围用布装裱。

（1）-（零册）京都大学附属图书馆所藏《进贡苗蛮图》 6-23/ シ /1贵

京都大学附属图书馆电子版　https://rmda.kulib.kyoto-u.ac.jp/item/rb00013356

京都大学附属图书馆图书目录　6-23/ シ /1贵・昭和二十一年四月一日受入（1946年4月1日收藏）

登记编号　4329

藏书章　“京都帝国大学图书之印”（朱文方印）、“民族研究所图书印”（朱文方印）

画册尺寸　29.5 × 17.5厘米

每页尺寸　29.6 × 17.5厘米

图绘尺寸　25.8 × 16厘米

封面或夹板材质　缺封面。蝴蝶装。

全本页数及图绘数量　图绘4张。

用纸特征（图案等）　图绘皆为纸本水彩，图画周围用布装裱。

其他　零册书法画风、装订方式都与其他二册完全相同，可知出自一处。

图二　《进贡苗蛮图》藏书章与浮签

（2）-① 京都大学文学研究科所藏《苗族画谱》　地理研K7||37||贵重

京都帝国大学书籍购买记录（原簿）[1]**书名**　《滇省猓猓图》

登记编号　152840/大正4.3.31（1915年3月31日）

藏书章　“京都帝国大学图书之印”（朱文方印）

画册尺寸　37×26.3厘米

每页尺寸　36.9×26.3厘米

图绘尺寸　30×22.2厘米，绘画部分与其左页的白纸尺寸相同。

封面或夹板材质　木夹板（上夹板有裂缝，以胶纸补修），蝴蝶装。无题签。

全本页数及图绘数量　总共50页（其中前后各4页皆为空白），图绘21张。图绘的左页皆为空白。

用纸特征（图案等）　图绘皆为纸本水彩。图绘的左页均贴有浅桃色的无纹纸。除却图绘以外的前后各4页（共8页）皆为空白部分，浅桃色纸上均撒有金银箔。

纸背信息（页数记载等）　每页图绘纸背左侧，用毛笔墨书页数，第1张写“上”“一本”“一”四字，第2张以后按顺序是二、三、四、五、六、七、八、九、十、十一、十二、十三、十五、十六、十七、十八、十九、廿一（“十四”及“廿”两个数字隐在接缝处，无法确认）。“廿一”图绘的第2页（全册第47页）纸背左侧写有“下”“一本”三字。

其他文字记载（字数及行数等）　图绘21张均贴有红色浮签，记载部族名等。按顺序依

1　京都大学文学研究科藏，非公开。

次是黑猓猡、女官、白猓猡、宋家苗、蔡家苗、卡尤狆家、补笼狆家、青狆家、曾竹龙家、狗耳龙家、马镫龙家、大头龙家、花苗、红苗、白苗、青苗、黑苗、东苗、西苗、天苗、猍苗。

（2）-② 京都大学文学研究科所藏《苗族画谱》 地理研K7||37||贵重

京都帝国大学书籍购买记录（原簿）书名 《滇省猓猓图》

登记编号 152840/大正4.3.31（1915年3月31日）

藏书章 "京都帝国大学图书之印"（朱文方印）

图三 京都帝国大学图书之印

画册尺寸 36.9×26.3厘米

每页尺寸 36.7×26.3厘米

图绘尺寸 30.2×22.1厘米，绘画部分与其左页的白纸尺寸相同。

封面或夹板材质 木夹板，蝴蝶装。木夹板左上贴有题签（洒金红色纸），毛笔墨书"苗族画谱""共四"六字。

全本页数及图绘数量 总共50页（其中前后各4页，共8页皆为空白），图绘21张。图绘的左页，皆为空白。

用纸特征（图案等） 图绘皆为纸本水彩。图绘左页，均贴有浅桃色的无纹纸。除却图绘以外的前后各4页、共8页为空白部分，浅桃色纸上均撒有金银箔。

纸背信息（页数记载等） 每页图绘纸背左侧，都以毛笔墨书页数，第1张写"上""二本""廿二"五字，第2张写"廿壹开"，第3张以后按顺序是廿四、廿五、廿六、廿七、廿八、廿九、卅、卅一、卅二、卅三、卅四、卅五、卅六、卅七、卅八、卅九、四十、四十一、四十二。图绘"四十二"的第2页（全册第47页）纸背左侧写有"下""二本"三字。

其他文字记载（字数及行数等） 图绘21张均贴有红色浮签，记载部族名等。按顺序依次是打牙犵狫、剪头苗、猪屎犵狫、红犵狫、犵䝤苗、水犵狫、锅圈犵狫、披袍犵狫、狇狫、犵獞、㛮人、土人、蛮人、峒人、猺人、杨保苗、羊犷苗、九股苗、八番苗、紫姜苗、谷蔺苗。

（2）-③ 京都大学文学研究科所藏《苗族画谱》 地理研K7||37||贵重

京都帝国大学书籍购买记录（原簿）书名 《滇省猓猓图》

登记编号 152840/大正4.3.31（1915年3月31日）

藏书章 "京都帝国大学图书之印"（朱文方印）

画册尺寸 36.9×26.3厘米

每页尺寸 36.8×26.3厘米

图绘尺寸 30×22.1厘米，绘画部分与其左页的白纸尺寸相同。

封面或夹板材质 木夹板，蝴蝶装。无题签。

全本页数及图绘数量 总共48页（其中前后各4页，共8页皆为空白），图绘20张。图绘的左页，皆为空白。

用纸特征（图案等） 图绘皆为纸本水彩。图绘左页，均贴有浅桃色的无纹纸。除却图绘以外的前后各4页，共8页的空白部分，浅桃色纸上均撒有金银箔。

纸背信息（页数记载等） 每页图绘纸背左侧，都以毛笔墨书页数，第1张写"上""三本""四十三"六字，第2张以后按顺序是四十四、四十六、四十七、四十八、四十九、五十、五十一、五十二、五十三、五十四、五十五、五十六、五十七、五十八、五十九、六十、六十一、六十二（"四十五"隐在接缝部分，无法确认）。图绘"六十二"的第2页（全册第45页）纸背左侧写有"下""三本"三字。

其他文字记载（字数及行数等） 图绘20张均贴有红色浮签，记载部族名等。按顺序依次是羊洞罗汉、克孟牯羊苗、洞苗、箐苗、狑家苗、狪家苗、狇家苗、六额子、白额子、冉家蛮、九名九姓苗、爷头苗、洞崽苗、八塞苗、楼居苗、黑山苗、黑生苗、高坡苗、平伐苗、黑狆家。

（2）-④ 京都大学文学研究科所藏《苗族画谱》 地理研K7||37||贵重

京都帝国大学书籍购买记录（原簿）书名 《滇省猓猓图》

登记编号 152840/大正4.3.31（1915年3月31日）

藏书章 "京都帝国大学图书之印"（朱文方印）

画册尺寸 36.9×26.3厘米

每页尺寸 36.7×26.3厘米

图绘尺寸　29.9×22.1厘米，绘画部分与其左页的白纸尺寸相同。

封面或夹板材质　木夹板，蝴蝶装。无题签。

全本页数及图绘数量　总共48页（其中前后各4页，共8页皆为空白），图绘20张。图绘的左页，皆为空白。

用纸特征（图案等）　图绘皆为纸本水彩。图绘左页，均贴有浅桃色的无纹纸。除却图绘以外的前后各4页，共8页的空白部分，浅桃色纸上均撒有金银箔。

纸背信息（页数记载等）　每页图绘纸背左侧，都以毛笔墨书页数，第1张写“六十三”“四本”五字，第2张以后按顺序是六十四、六十五、六十六、六十七、六十八、六十九、七十、七十一、七十二、七十三、七十四、七十五、七十六、七十七、七十八、七十九、八十、八十一、八十二。图绘“八十二”的第2页（全册第45页）纸背左侧写有“下”“四本”三字。

其他文字记载（字数及行数等）　图绘20张均贴有红色浮签，记载部族名等。按顺序依次是清江苗、清江狆家、里民子、白儿子、白龙家、白狆家、土犵狫、鸦雀苗、葫芦苗、洪州苗、西溪苗、车寨苗、生苗、黑脚苗、黑楼、短裙苗、尖顶苗、郎慈苗、罗汉苗、六洞夷人。

图四　《苗族画谱》木夹板

（3）京都大学文学研究科所藏《滇省苗图》 地理研K7||28||贵重

登记编号 143819/大正3.7.1（1914年7月1日）

藏书章 “京都帝国大学图书之印”（朱文方印）

画册尺寸 31.1×25.7厘米

每页尺寸 30.3×25.7厘米

图绘尺寸 29.5×25.5厘米

封面或夹板材质 木夹板，蝴蝶装。上夹板中央刻有“滇省苗图”四字。

全本页数及图绘数量 总共78页（其中前后各2页，共4页皆为空白），图绘68张（每一部族，男女一对，各配一页，两页一套。共34部族）。最后3件图绘，皆为两页一图，共6页。

用纸特征（图案等） 图绘皆用纸本水彩，其他部分都用无纹白纸。

其他文字记载（字数及行数等） 图绘右上记载部族名，若有对该部族的解说便在其下附以双行小注。

图五 滇省苗图木夹板

（4）京都大学文学研究科所藏《黔省苗图》地理贵K7||29||贵

登记编号 143820/大正3.7.1（1914年7月1日）

藏书章 “京都帝国大学图书之印”（朱文方印）

画册尺寸 33.4×25.7厘米

每页尺寸 29×26.2厘米

图绘尺寸 26.2×20.7厘米

封面或夹板材质 封面由多色花草纹布面装帧，封底同。经折装。封面左上贴有题签，毛笔墨书“黔省苗图”“一”五字，题签下方有用铅笔书写的数字“37”。题签与图画解说的书法不同。

全本页数及图绘数量 总共48页（其中前2页、后2页，共4页皆为空白），图绘40张，每页一图。

用纸特征（图案等） 图绘用纸均为浅米色无纹薄纸。图绘为纸本水彩，未使用金银泥。图绘部分装订皆用白色厚纸。

其他文字记载（字数及行数等） 图绘空白部分均写有解说，每行字数不一。全册第2页左侧用钢笔书有“黔省苗图”四字。

图六 《黔省苗图》封面

（5）京都大学文学研究科所藏《苗图》 东洋史贵 B XI m||20-1||贵重

登记编号 135072/大正3.1.30（1914年1月30日）

藏书章 “京都帝国大学图书之印”（朱文方印）

画册尺寸 35×25厘米

每页尺寸 35×25厘米

图绘尺寸 28.8×20.3厘米，绘画部分与其左页的白纸尺寸相同。

封面或夹板材质 封面由蓝色有纹布面装帧，封底同。蝴蝶装。封面左上贴有题签，但空白无字。

全本页数及图绘数量 总共92页（其中前 6 页、后4页，共10页皆为空白），图绘41张。图绘的左页，均附有解说。

用纸特征（图案等） 图绘及其左页说明部分均用无纹白纸。图绘为纸本水彩。图绘部分装订皆用浅蓝色无纹纸。

纸背信息（页数记载等） 封底内侧，用毛笔墨书“苗页四”三字。

其他文字记载（字数及行数等） 图绘左页均附有解说，由多人分担挥毫，大半都盖有印章：

“猓猡”右上白文游印“贻笑”，左下白文姓名印“守谟”、朱文“启先”，左下白文游印“诗卷长留天地间”。

“白猓罗罗”右上白文游印“从各所好”，左下白文姓名印“李赵尊印”、朱文“湛庵”。

“宋家”右上朱文游印“慎思”，左下白文姓名印“沈守谟印”、朱文“启先”。

“卡笼狆家”左下白文姓名印“赵尊”，白文游印“从各所好”。

“补笼狆”右上白文游印“将就”，左下白文姓名印“守”、朱文“谟”。

“青狆家”右上白文游印“从各所好”，左下白文姓名印“李赵尊印”、朱文“湛庵”。

“狗耳龙家”右上朱文游印“不如人”，左下白文姓名印“师程之印”、朱文“绍濂”。

“马镫龙家”右上白文游印“越中士”，左下白文姓名印“师程之印”、朱文“绍濂”、朱文游印“未能免俗”。

“大头龙家”右上白文游印“越中士”，左下朱文游印“高歌夜半雪压卢”、白文“杏花春雨江南”。

“花苗”右上朱文游印“不如人”，左下白文姓名印“师程”、朱文“况洛”。

“红苗”右上朱文游印“上下古今”，左下白文姓名印“守谟”、朱文“启先”。

“白苗”左下白文姓名印“赵尊”、朱文斋号印“敦发堂”。

“青苗”右上朱文游印“不受尘埃半点侵”，左下朱文游印“望风怀想”、白文游印“对月举杯”。

“黑苗”右上朱文游印“慎思”，左下白文姓名印“守”、朱文“谟”。

“东苗”右上白文游印“（印蜕漫漶）”，左下白文游印“知白守黑”、朱文游印“未能免俗”。

“夭苗”右上朱文游印“秋水”，左下游印白文“平”、白文“心”。

“狳苗”左下白文姓名印“李赵尊印”、朱文“湛庵”。

“剪头犵狫”右上白文游印“越中士”，左下朱文游印“高歌夜半雪压卢”、白文“杏花春雨江南”。

“红犵狫”右上白文游印“大雅”，左下朱文游印“高歌夜半雪压卢”、白文“杏花春雨江南”。

“花犵狫”左下白文姓名印“李赵尊印”，朱文游印“数点梅花天地心”。

“水犵狫”右上朱文游印“见得失寸心知”，左下白文姓名印“沈守谟印”、朱文“启先”。

“锅圈犵狫”右上朱文游印“不受尘埃半点侵”，左下白文姓名印“师程之印”、朱文“绍濂”。

“狇狫”右上朱文游印“不如人”，左下白文姓名印“师程”、朱文“况洛”。

“僰人”左下白文姓名印“赵尊”。

“土人”右上白文游印“大雅”，左下白文姓名印“桯念”、朱文“二书”，白文游印“知白守黑”。

“峝人”右上朱文游印“寸心千里”，左下朱文姓名印“守”、白文“谟”。

“猺人”左下朱文游印“望风怀想”、白文游印“对月举杯”。

“杨保”左下白文游印“无事神仙”、朱文游印“有容君子”。

“狆獞”左下白文姓名印“赵尊”。

“八番苗”右上朱文游印“不如人”，左下白文姓名印“师程之印”、朱文“绍濂”。

“紫姜苗”右上白文游印“贻笑”，左下白文姓名印“沈守谟印”、白文“启先”。

其他　此册装入文学部阅览室的蓝色书帙，书帙上题签写“苗图”两字。图绘41张均贴有红色浮签，依次写有数字“一”至“四十一”（从“参”至“拾”皆用大数，其他为一般数字。只有图绘第2张缺浮签）。

入藏原委

陈佑真　王　欢　早川太基
（京都大学大学院文学研究科）

京都大学的中国古籍收藏由狩野直喜（1868—1947，字子温，号君山）、内藤虎次郎（1866—1934，字炳卿，号湖南）、仓石武四郎（1897—1975）、吉川幸次郎（1904—1980，字善之，号唐学斋）等人先后进行。其购书手段以亲自在日本国内书肆选购为主。当时正值中国社会变乱以及帝国主义侵华，兵燹连天不已，不少古籍善本流出海外，因此，该时段京都大学所收购的汉籍当中也包括很多罕见善本。值得注目的是，其中有些明清古籍经过朱学勤（1823—1875）、王先谦（1842—1917）、叶德辉（1864—1927）等近代著名藏书家的收藏。该时期京都大学学人高度关注中国国内政治情况与国内著名学术人物的动向。例如，1927年，叶德辉被枪决，叶氏藏书大量流出。此时，狩野敏察时机，上书申请用公费购买叶氏藏书[1]，不过此举并未成功。

除此之外，现在京都大学文学研究科图书馆所收藏的不少古籍是由铃木虎雄（1878—1963，字子文，号豹轩）、吉川幸次郎等名人捐赠的藏书所构成的，手泽如新，眉批满纸。

在如上所述的传统汉学领域以外，尚有小川琢治（1870—1941，号如舟）创设的地理学讲座（史学地理学第二讲座）的收藏活动。小川被誉为“日本近代地理学创始人”，其研究对象不拘于地质调查等自然科学型地理学，也涉及人文地理学，其治学以注重考察历史背景为重要特征。[2]小川生父浅井笃（1826—1896，号宽堂、南溟等）是江户时代末期至明治年间的儒学家。[3]小川是浅井笃的第二子，他长兄出仕于和歌山县政府。小川

1　高田时雄：《陶湘丛书购入关连资料》（京都：京都大学人文科学研究所附属东亚人文情报学研究中心，2010 年），第 37 页。

2　水津一郎：《小川琢治先生とその後の日本における歴史地理学》，载《地理学評論》（1971 年）第 44 号，第 565—580 页。

3　以下小川琢治生平均参看岛津俊之：《小川琢治と紀州——知の空間論の視点から——》，载《地理学評論》（2007 年）第 80 号，第 870—906 页。

出生于田边藩（现属和歌山县），从小受家风影响，接受东亚传统教养，加之得到了使用当地政治人物滨口成则（1820—1885，号梧陵）的藏书的机会，由此他对中国古籍有了深刻的了解。

小川从和歌山中学毕业以后，考入第一高等中学校，此时由于经济原因，拜小川驹橘（1844—1922）为养父，后改姓小川。小川驹橘原为纪州藩武士，并为首任和歌山市长的胞弟。在小川驹橘的支持之下，小川琢治得到了继续学习的机会。

小川在第一高等中学校读书期间，因病回乡，借此机会游览和歌山县的名胜，由自然之美感受到了强烈的冲击。后来他在自己的回忆录中表示，这一经验就是让他决定走研究地理学之路的契机。从第一高等中学校毕业后，小川考入东京帝国大学理科大学，专攻地质学，毕业后经过在农商务省的工作，1908年起任教京都帝国大学，开始其在京都的研究、教学生涯。

小川有四子，长子小川芳树（1902—1959，东京帝国大学教授）为冶金学家，二子贝家茂树（1904—1987，京都大学教授）为东洋史学家，三子汤川秀树（1907—1981，京都大学教授）为理论物理学家、日本首位诺贝尔奖得主，四子小川环树（1910—1993，京都大学教授）为中国文学、语言学家。小川在其家庭教育中也高度重视中国传统学术，对其儿辈亲自实行以背诵中国古典为主的传统型教育。其培育后人之功，无疑在日本称最。

小川十分重视实地考察，从1902年首次赴华以来，屡次访问中国，采集了数量庞大的民俗资料，其中包括中国历朝所刊的府县方志，以及苗图这类民俗画册。小川收购的地理学讲座所藏中国学资料，一部分是他在中国直接购买的，其他大部分是通过日本当时中国书籍专业进口书店收购的。按照京都大学所藏的书籍购买目录的记载，京都大学文学研究科图书馆所藏四种苗图的来历如下：

（1）钞本《苗族画谱》（目录中标题《滇省猓猓图》）四册，70圆，大正四年三月三十一日，地理学讲座买自寺岛实。同时，刊本《平壤古图》八册（35圆）、光绪十六年刊本《中俄交界全图》一册（60圆）、钞本《滇省舆地图说》二册（30圆）三书均购自寺岛。

（2）钞本《滇省苗图》一册，20圆；（3）钞本《黔省苗图》一册，20圆；大正三年七月一日，地理学讲座买自田中庆太郎。同时，拓本《龙门山全图》一幅（2.5圆）也购自田中。

（4）钞本《苗图》一册，28圆，大正三年一月三十日，东洋史学讲座购自鹿田静七。同时，嘉庆五年刊本《滇南诗话》六册（3.5圆）等六种汉籍也购自鹿田。

四种苗图之中的三种由当时著名的书商购买。田中庆太郎（1880—1951）、鹿田静七

（大阪松云堂书肆主人之世袭名）二人为当时日本中国书籍商贾的翘楚。文求堂主人田中庆太郎精于鉴识，日本旧书店史家反町茂雄（1901—1991）有如下的回忆：

以前，大正十一、十二年左右，我还在高中上学的时候，看了大庭柯公《笔的舞蹈》一书，其中有“文求堂走去，北京善本空”的说法，给我带来了很大的冲击，我感动了日本有那么厉害的旧书店。……田中先生以前跟我说过，遇到关东大地震之后，为了对应社会、学界的潮流，将他们中国书籍进口事业的主要对象从古籍、书画转成近代中国——尤其是上海——出版的实用新刊书籍（引注：指扫叶山房、上海文瑞楼等出的石印本）。从大正末期到昭和四年，这个转变给他们带了很大的福利。[1]

由此我们可以看出，京都大学从田中庆太郎购买两种苗图的时期，正值田中的进口事业的转变期，商情尤其顺利，而苗图以及拓本《龙门山全图》均属于文求堂的旧型货品。

鹿田静七在大阪经营书肆松云堂。鹿田和田中一样，积极亲赴中国进货。反町茂雄与日本旧书店主人井上喜多郎的对谈中有如下一段，回忆鹿田的商业活动和当时的行业情况。

井上：大正九年左右，大阪的鹿田先生去了北京，将购买的中国古籍目录作为《临时目录》发刊。这是都由中国书籍构成的目录，很少见的，给您看。他虽然去中国工作，但不会中文。……

吉田（引注：浅仓屋旧书店主人吉田久兵卫）：鹿田先生去北京购书，比其中堂（引注：京都的著名旧书店）还要早。他们在北京书肆偶然碰到，当时文求堂的田中先生也在北京进货，三位的购书竞争非常激烈。……

反町：那些年代，只要去中国进货，就能发财，是中国书价便宜的缘故吧。

井上：那时候，去中国买书回来，日本的顾客争先购买。[2]

当时，在日本学术界，购买中国地志是一种热潮。田中庆太郎如下说：

当时（引注：明治末期），大学图书馆开始收集地志类著作。今日这种地质类之书的价钱在中国也相当昂贵，可是那时候中国人不太重视这些书，当地书店不是一套一套卖的，堆在店面，一堆多少钱的方式来决定价格，价钱差不多是现在的四分之一。这些地志书，东京帝国大学最用力收购，我也给他们卖了好多。东京帝国大学所买的

1　《日本古书通信》（1951 年 10 月）第 59 号。

2　反町茂雄：《紙魚の昔がたり：明治大正篇》（东京：八木书店，1990 年），第 335—336 页。

地志书虽然遭到关东大地震失去了其多半，可是他们首先注意收藏地志，应该是由于学识高的老师的指导。[1]

田中所提到的东京帝国大学的地理学教授是小川琢治的同门，山崎直方。山崎的地理学研究以自然地理学为主，在当时的日本地理学界当中，与京都帝国大学的人文（历史）地理学并列为两大潮流。

《苗族画谱》购自寺岛实。寺岛实是明治末年到大正初期与京都帝国大学有图书贸易往来的商人，其货品以照片、少数民族实物武器等民俗研究材料为主。关于寺岛实相关的人物信息不见于《人事兴信录》等当时日本的“绅士录”类型史料，其生平未详。

通过比对上列京都帝国大学书籍购买目录，我们可以看出四种苗图都是同时购买的书之中最贵的。在京都帝国大学的购书过程中，小川在收购中国地志的同时，还特意买入了价格不低的苗图这种风俗史料，由此可看出小川对民俗的高度重视，这一行为堪称京都帝国大学人文地理学研究中极具代表性的一例。

1　反町茂雄：《紙魚の昔がたり：明治大正篇》，第522页。

进贡苗蛮图

《进贡苗蛮图》提要

陈佑真　王　欢　早川太基
（京都大学大学院文学研究科）

京都大学附属图书馆藏《进贡苗蛮图》（京都大学附属图书馆藏6-23/シ/1贵）一帙三册，装订形式均为折帖装。三册中两册为木夹板装，上夹板中央上方均贴有题签，上书墨笔隶书“进贡苗蛮图”，左侧书有小字楷书“臣陈枚恭画”（两册题签应为同一人手书，字体相同）。“苗”字下方“田”误写为“由”。两册内裱页上方均钤押紫色椭圆形印，图书馆旧分类法编号“831008，昭和21.4.1”，可知为昭和二十一年（1946）四月一日收入。裱页下方各钤有两方收藏印，分别为“京都帝国大学图书之印”（朱文方印）、“民族研究所图书印”[1]（朱文方印），收藏印下方钤有黑色数字印，分别为“4329”“4330”。另有一册无木夹板，裱页无收藏印等标记，怀疑为某脱落册页。以下，简称三册分别为“4329”“4330”和“零册”。

三册尺寸信息相同，均为木夹板，高29.5厘米，宽17.5厘米；册页，高29.6厘米，宽17.5厘米；画面，高25.8厘米，宽16.0厘米。左侧文本，右侧彩绘，画面与文本四周均以布固定，装裱在画册上。

“4329”第1页浮签：“陈枚，清，娄县人。字载东。又殿抡。号枝窝头陀。雍正时官内务府郎中。画人物山水花鸟。得宋人法。”（钢笔手书）浮签的上部和下部分别有蓝黑色数字印“□935”（□中的数字可能为“2”，似故意擦除）。木夹板与内裱纸分离，上木夹板背面可以看到“民族研究所图书印”收藏印的反印痕迹，但二者位置并不吻合。裱页所钤“民族研究所图书印”收藏印上端距本纸上方17.7厘米，反印上端距本纸上方边缘13.1厘米。由此可以推测，或许民族研究所在收入此册时木夹板与裱页业已分离，民族

1　民族研究所是日本政府于 1943 年所设立的文部省直属管理学术机构，主要针对东亚及东南亚的各种领域进行相关研究，1945 年 10 月随着日本败战而从国家机构中废除，原藏于其中的一部份文献资料现由京都大学附属图书馆及文学研究科图书馆收藏。参看菊地晓：《民研本転々録：民族研究所蔵書の戦中と戦後》，载《國際常民文化研究叢書 4》（横浜：神奈川大学国际常民文化研究机构，2013 年 3 月）。

研究所钤印后直接将木夹板随意放置于裱纸上而形成了这一错位的状态。

“4329”共94页，其中第26、27页为空白页，右侧为图绘，左侧为文本，共45幅彩绘。按顺序依次为马镫笼家、八寨黑苗、清江土司、平伐苗、协角蔡家、水家苗、罗汉苗、黑狆家、秧苗、卡尤狆家、短裙苗、蛮人、九名九姓苗、红猫狫、洪州苗、宋人、西苗、里民子、杨广苗、六额子、楼居苗、土目、马韝苗、僰人、猫兜苗、六洞夷人、衿家苗、木猫狫、紫姜苗、毛搭狆家、克孟牯羊苗、白倮㑩、黑山九股苗、土猫狫、谷蔺苗、土狫、东苗、花狆家、青苗、黑笼家、葫芦苗、猪豕猫狫、披裙苗、黑额子、车寨苗。

“4330”的尺寸、装帧方法与裱页上所钤收藏印均与“4329”相同，无浮签，共40页，收录有19幅彩绘，依次为土目、车寨苗、翦头猫狫、西溪苗、六洞夷人、衿家苗、僰儿子、楼居苗、黑种、箐苗、毛搭狆家、红苗、白狆家、清江黑苗、红猫狫、罗汉苗、短裙苗、猡子、黑脚苗。

“零册”无木夹板，裱页无任何收藏印与标记，共10页，收录有4幅彩绘，分别为斧头苗、曾竹笼家、克孟牯羊苗、蛮人。“零册”虫蛀较其他两册多，末页右上部分残存有与下一页相连的痕迹，可知此四幅并非独立成册，而是从某一册上脱落下来的。从其虫蛀程度和保存状态来看，此册应在较早的时期即脱落而被单独保存。

《进贡苗蛮图》三册均无目录，无编号，编排并非遵循特定的顺序。三册中共有11项重复条目，57项不重复条目，文本相同所配图绘不同的情况有3条，分别为克孟牯羊苗、短裙苗、衿家苗。

据木夹板题签“臣陈枚恭画”与“4329”第1页浮签可知，此册母本或为陈枚所作。陈枚为清雍正年间画院画家，其画初法宋人，后又参以西洋画法，《石渠宝笈》中著录有多幅他的作品。据吴文彬考证可知，陈枚大约自雍正二年（1724）起进入画院，雍正四年（1726）以内廷供奉授内务府郎中，到乾隆九年（1744）返回原籍松江娄县，乾隆十年（1745）病故于原籍。[1]

比对同为陈枚所作，现藏于北京故宫博物院的《月曼清游图》册页（绢本设色，37×31.8厘米，共12开）可知，虽然二者所绘仕女人物脸型神态相近，但二者绘画整体水平差距悬殊。《月曼清游图》与文献记载中陈枚的绘画特点一致，“画初学宋人，折衷唐解元寅，参以西法，能于寸纸尺缣图群山万壑，以显微镜照之，峰峦林木、屋宇桥梁、往来人物，色色具备”[2]，画法中西结合，人物造型生动，笔致工细，设色精致，近南宋

1 陈枚生平具体可参看《娄县志》（乾隆五十三年刊本）卷二十七《艺术》，13ab；冯金伯：《国朝画识》（道光刊本）卷十一，23a—24a；吴文彬：《冷枚与陈枚——清画院中两位同名画家》，载《“故宫”文物月刊》（台北，1988年）第68期。

2 《娄县志》（乾隆五十三年刊本）卷二十七《艺术》，13a。

院体画风，而楼台房屋则采用西洋焦点透视法绘成。相比之下《进贡苗蛮图》的图绘则较为粗糙，人物动态、神情、服饰模式化，且时有建筑透视、人物头身比例错误的情况（如克孟牯羊苗岩洞的画法、“4329”衿家苗的房屋透视等）。

《石渠宝笈》中并未见陈枚作《进贡苗蛮图》的记录，陈枚是否创作过与苗图相关的绘画尚不明确，但从其完成度与绘画风格来看，京都大学附属图书馆藏《进贡苗蛮图》并非陈枚所作。其人物与背景应是由画工多人分工合作绘制而成的，先以工笔刻画勾勒人物，再为其着色、绘制背景。其中重复出现的图绘，其构图、人物形态一致，但人物服饰颜色、具体神态与背景却不同，或许此册图绘应是依据某一母本，由书坊大量摹绘制作出的其中一套，后不知为何人题上了陈枚的名字。

《进贡苗蛮图》与现藏于哈佛燕京图书馆的《苗蛮图说》（共41帧彩绘）的绘画风格、人物形象、数量、动态与画面内容、基本构图大体一致，背景的刻画方法也颇为相似，应属同一系统的图绘，但《进贡苗蛮图》的设色更为淡雅。虽然二者的图绘应来自同一系列的母本，但其中所录苗族数量与族称不合之处颇多。[1]哈佛燕京藏本《苗蛮图说》的条目顺序与台北傅斯年图书馆藏《苗蛮图册》[2]的条目顺序一致（从“谷蔺苗”到最后的“六洞夷人”，共41条），但二者文本略有出入。《进贡苗蛮图》则顺序散乱，且其文本也与各苗图抄本的文本不合之处颇多。

《进贡苗蛮图》的图绘与文本或许并非来源于同一套母本，可能分别传抄自不同苗图抄本，且图与文并非一一匹配，其编纂者参校以其他版本，或依据文字内容为其配上相应的图绘，或依据图绘在文本中添入相应的内容，而编成了这一套绘本。如《进贡苗蛮图》“犭革兜苗”文本中有“性纺织为事”一语。按花犵狫又名犵兜，考《百苗图抄本汇编》中“花仡佬”条与《贵州通志》（乾隆）“犵兜”条的相关文本，并未发现此一语句；且各版本所绘制的内容均为与打猎相关的情景，对应文本“四时佩刀弩入山，逐鹿网雀”一语。而《进贡苗蛮图》“犭革兜苗”所配图则是纺织景象，“性纺织为事”一语或许是配合图绘而后添加上去的。然此推测还有待商榷。

根据与各版本苗图比对可知，《进贡苗蛮图》中所收录的57种苗民，其族称抄写与各本有异的有：犭革→犵、斧头苗→爷头苗、协角蔡家→蔡家苗、木犭革狫→犾狫、猪豕犭革狫→猪屎犵狫、杨广苗→犴獚苗。另有清江土司、秧苗、土目、马鞯苗、毛搭狆家、土狫、花狆家、黑笼家、披裙苗、僰儿子、黑种、犽子、衿家苗，共13条其他苗图中所未收录

1　《进贡苗蛮图》与哈佛燕京图书馆藏《苗蛮图说》中二者画面一致，对应苗族不一致的情况有洞苗（克孟牯羊苗）、狄家苗（犭革兜苗）、白额子（衿家苗）、冉家蛮（蛮人）、黑生苗（黑狆家）、里民子（犽子）、白儿子（僰儿子）、白龙家（马镫笼家）、鸦雀苗（青苗）、尖顶苗（秧苗）（括号内为同一幅图绘在《进贡苗蛮图》中所配苗民）。

2　《百苗图抄本汇编》一书即以台北傅斯年图书馆藏《苗蛮图册》的条目编排顺序为序编纂，此本八十二条无缺，编排次序与李宗昉《黔记》相同，编排被认为较接近陈浩原作。

的条目。[1]

《进贡苗蛮图》文本为墨笔楷书，字体较为拙陋，常出现笔画错误，脱字漏字导致文本语句不通的情况，且重复条目的文本内容也常出现抄写讹误的情况。如“蛮人”条目，“4329”第12条“男子衣草蓑妇人着土布裙”，而“零册”第4条则写为“男子衣草蓑着土布短裙”，漏掉“妇人”一语。此类情况在《进贡苗蛮图》中颇为常见。

《进贡苗蛮图》的成书年代并未标明，但根据画册中文字均避清宣宗御讳“宁”字，而不避清穆宗御讳“淳”字，或许可以推测其制作时期应在道光、咸丰年间。

综上，京都大学附属图书馆藏《进贡苗蛮图》虽非完本，但对于清代中后期苗图的制作与流变、苗族的迁徙与习俗变化等方面的研究有重要的参考价值。

1 《黔南职方纪略》（道光二十七年刊本）卷九“苗蛮”中虽然记录有“马鞯苗”“猡子”“僰耳子”条，但各条文本的记述与族群生活地点均与《进贡苗蛮图》所载不一致。

笛

在寗谷西保土頂營之間張劉趙謝等姓衣尚白裘
則易以婦人緇布作冠若馬鐙籠然男女勤於耕作

清江黎平鎮遠古州有之八寨結婚亦有媒妁遇節跳月笙歌又隣寨共建空房名曰馬郎房未婚嫁者遇晚聚歌情稔郎以牛馬隻行聘於歸三日女回母家或豐年而返女家父母向婿家索頭錢如不與或另嫁有婿女死猶向女之子索者名曰頭錢人死赤有哭泣推斗敲銅名曰鬧屍葬以無底棺納置屍於内以臘月辰日為過年又十三年畜牡牛祭天地祖先名曰喫牡臟

黑苗狆家俱聽約束凡過江口多有清江苗及狆家
路途横睡手拿長刀攔搶故人繞路不敢過江惟聞
土司之名則讓路過去亦或有解送馬鎮守此方者
或暗與結為婚眷方保平安其俗可畏如此風俗亦
如土目一般清江丹江有之

在貴定小平伐司男子披草衣衣短婦女穿長桶裙
婚姻及享祀皆屠狗祭鬼亦用狗人死親戚相弔祭
塟則瘞以木槽性喜閙出入必執長鎗近皆馴服

大定府屬有之男子通漢語與漢人無異身披毡衣
脚穿毡襪女子以布尺許纏頭如牛角狀用長簪綰
之五色長衣短裙翁媳不通言語婦女多有不正父
母亦不照嘗有親兄方可拿之

在鎮遠有之與生苗相同俗雖相似言語各不相通
水家苗不愛楼居不居巖石性好近水居之專以捕
魚為業得水為幸多傭工度日少耕種慣養水老鳴
戴羅網是其俗也

黎平所屬有之好供羅漢在於山野不然或巖洞之中男女頭戴狐尾男子身穿青衣女子亦如花苗身穿苗錦其風俗與諸苗無異

都匀安顺普定有之男女以青黑布為衣素行好放
銀粮之賬不論親踈遠近皆可借貸借後亦不追討
隨人自便本利填還者自然清吉若不還者私訪借
債之家祖坟在於何地半夜執旗以火稿照而刨之
性偏如此近来漸歸於化矣

大定所屬有之男子披髮以布帶束首女子頭頂花梳勤於耕作但多小氣與人不合則偷他人身上破布埋之其人殃殃而死謂之埋魂性多淳僕不好捕獵兼有讀書識字者但言語欠清終不入選此亦化焉

在興義遵義有之男子以土布為衣女子青布為服
抛毬聘親亦以五色布札成繡毬一個擇定良辰吉
日在於荒野山塲之中女子向着男子将毬抛去男
女合搶此毬即以禮物相贈而成配偶此有古風俗
焉

在鎮遠思南等處有之男女俱穿織錦花衣女子袖不過臂裙不過膝頭挽花梳一把富足者或帶銀項圈数十条色多美麗其與人交好則以糯米飯成團以糖食辦之相贈以為情好之至閑時嘗在山中採其紫草以為生理亦勤耕作

在新添丹行二司男子衣草蓑婦人着土布裙衆葬
亦殺牛歌舞以十月朔爲大節祭鬼以丑戌日爲塲
期惰耕作喜漁獵性狂悍出入帶刀弩乂石阡沿河
司有冉家蠻俗類皆同

獨山州有之性多狡猾一人常兼数姓動輙改名其名姓不一謂之九名九姓好鬥毆若有相敵雖舍命不辭故常鬥殺無人敢勸雖勸亦不解惟以婦人解之則彼此皆散其俗與紅苗相似

在貴陽所屬有之男女土布為衣婦女羊狗毛織成横裙謂之桶裙花布曰花獐狫紅布曰紅獐狫各有族数不通婚姻殮以木而不瘞置巖穴間或臨大河不施蔽蓋樹木主於側曰家親殿屋宇天地数尺架以巨木上覆杉葉如羊柵謂之羊楼其人皆悍而善奔経命死黨得片肉壺酒即軀與之

雜居荔波縣雍正年間自粵西輙於黔之都匀府其俗衣服雖各別而言語嗜好不甚相遠歲首致祭以槃瓠無酒肉飯男女相悦者負之而去遂婚焉女勤織皆編入版籍供賦役是其俗也

五代時為楚子所代来至貴州分散於平越思州等處男子大衣大袖頭帶毡帽足穿皮靴女子土布長裙猶有先代遺風所異者婚嫁不同耳凡女子鮮嫁以木棍梆擊之謂之掃除不祥姨媽姊妹相聚而泣嫁時不用夫馬新夫背之此其異焉

在平遠及清平所屬有謝馬何羅雷等姓衣尚青男以青布纏頭褁腿婦人挽髮盤頭籠以木梳娶歸分床異寢心私通孕育後乃同室歲十月收穫後名祭白虎以狀牛置於平壤每寨或三五隻下不等延善歌祝者着大毡衣腰搢如圍穿皮靴頂大毡帽導於前同男女百数人青衣衫帶相隨於後吹笙歌稻歷三晝夜乃殺牛以賽豐年除夕之夜各置鷄酒呼合家老幼姓名謂之叫魂其性情質實畏法少爭訟

江西吉安人也不在夷人之類因至貴州投貴筑縣
持曰縣民各屬有之男子勤耕讀女子頭帶花帛但
常苦於耕種多在外傭功嫁時親戚往看見親則哭
諸親各帶包袱雨傘隨後送之名曰追親新初至婁
家另以小屋一間藏之三日不吃婁家飯親者送食
此其俗也近苦讀詩書成名者多

楊荒播之遺民也有楊龍張石歐等姓其種最夥都
匀石阡施秉龍泉黃平餘慶黎平龍里皆有之荊壁
不塗門戶不扃出入以泥封之其服飾婚喪與漢人
同男子計口而畊女人度身而織暇則執戈操盾以
耕作為事婚喪以犬相遺近則衣冠文物日漸盛矣

大定所屬有黑白二種男子結尖髻婦人長衣不着
裙人死葬亦用棺至年餘即延親戚至暮前以牲酒
致祭發塚開棺取枯骨刷洗至白爲度以布裹骨復
埋一二年餘仍取洗刷至七次乃止凡家有病則謂
先祖骨不潔云近經嚴禁恶習漸息

頭上各頂一物如羊角一般男女相似性好楼居上楼下楼男子身帶大刀女子身穿五色花衣養牲畜以為業與義等處有之性多苟合其吹笙望月跳場為婚亦與各苗同姓勤耕

在大定府屬有黑白二種皆深目長身黑面白齒其俗尚鬼故名羅鬼漢時有濟濟火者從武侯破孟獲有功封羅甸國王即安氏遠祖自羅甸東西若有祀夜郎牂牁則以國名若特磨白依九道則以道名皆倮玀之種也自濟火以来千有餘年世長其土勒四十八目部部之長曰頭目今土目是也次則為黑種有暮魁勹魁以至黑乍皆有職守亦有文字類蒙古書男以青布纏頭籠髮其中而束額若角狀不與百姓結婚平居善畜馬好馳騁以射獵習擊刺為諸蠻冠

大定府及郎岱等處有之男子頭裹藍布以土色庄布為衣女子身穿五色庄布花衣其裙不與諸苗相同亦用五色庄布做成男子吹笙婦女手勢䏚鈴男女各帶紅鬚一捉每歲孟春男女徃荒山野地謂之跳月亦與花苗相同亦勤於耕作

㸑人

在普安州男女皆披毡衣垢不沐浴凡倮玀狆家嫁獐狫言語不相請者常遺㸑人通傳聲音風俗與南紹畧同六月二十四日癸天過歲朔望日不炊火性淳而拜佛常持素珠誦梵咒

鎮遠施秉黃平有之好居高坡男子衣類土色女子短衣繡五彩於胸袖間背負海巴薾纍如貫珠性紡織為事嗜酒四時佩刀弩入山逐鹿網雀其藥箭傷人見血立死然無敢為盜

廣順州有之其人至雍正八年由廣而来無有棲身居其洞内婚姻各以其類不與别夷聯親嫁時数人送之各執一傘新人用傘一把罩着賠奩必家伙各項齊備始行禮馬男女穿戴悉如漢人嫁時新人以白布蒙嘴姨娘姊妹前後相随謂之送親惟此稍有不同耳

清江八寨古州有之其婚姻不用父母之命亦不須媒妁之言但相悦者即苟合交歡或入深山相引至生子而後歸乃用財物以行聘定之禮謂之財禮其禮物或用銀数两或牛馬折算两家各敬先祖謂其子有後人矣

在貴定黔西多王黎金文等姓娶婦異寢生有後乃同室祀鬼五彩旗遇節則歌舞為歡有長幼之序在都匀清平者衣服類漢人同姓不婚異姓不共食犬父母死有衰服而無衰絰居家四十九日面不洗垢步不踰戶期滿延巫祝薦名曰放鬼乃出門長子貧不能守長孫次子代之子弟延師教訓多有入判者

在都匀丹江清平與獨山州之九名九姓苗仝類狙
詐而饕餮輕生好鬥得仇人輙生啖其肉以十一月
朔為節閉戶縶忌七日而啟犯者以為不祥夫死妻
嫁而後葬曰喪有主矣其在平越黃平者頗通漢語
多力善戰間入行伍更有讀書考試者見之不識為
苗也

輿義所屬有之男女苟合不論親疎相悅者約於洞內數十人以鷄毛三匹竹筒裝就彼此擊打為戲男子勝過女則與成婚女勝過男則伏於地下任婦頭上奔三轉名曰公鷄頭

在廣順州之金筑司擇懸崖鑿竅而居不設床第構竹梯上下高者或至百仞耕不挽牛犁以錢鏄發土耰而不耘男女躧笙而偶生子免乳而歸其聘財親死不哭笑舞浩歌謂之鬧屍聞杜鵑聲則舉家號泣曰鳥猶歲至親不復矣

大定水城安順永寍有之名曰白夷與黑倮玀同風俗畧相似飲食無盤盂以三足釜灼毛齰血無論鼠雀蚳鼀蠕動諸物攫而燔之攢食若彘人死用牛馬皮草裹而焚之居普定者為阿和其俗相同多以販茶為業

在凱里興隆衛武侯南征戮之殆盡僅存九人遂為九股散處蔓延而生飲食衣服婚姻喪祭與八寨丹江同而性尤剽悍頭頂鐵盔前有披塊後無遮肩身穿鐵鎧極重尚能左執木牌右持標悍口啣利刀捷走如飛大鎗約重十餘觔鉛子重八九錢發至百步之外着人立糜爛又有牛尾鎗幾類地子母砲強弓名曰偏架長六七尺三人共張矢無不貫明播州之亂為楊應龍羽翼調兵十萬應龍雖滅九股而未剿伏莽刦掠時出為害由地曠而險猝難制伏雍正十年鈎連蠢動合楚粵黔三省兵剿撫建城安汛

水城郎岱等處有之男子常披蓑衣婦女以羊毛織

作五色花裙男女同其耕種不拘懸巖陡箐有地無

不耕之其貧寒者多與漢人傭功為生絕不偷盜若

有刀茨損傷隨帶藥敷之

在定番州男子皆短衣婦人以青布蒙髻工紡織其布精密每遇場期出市人争購之為谷藺布之名布故也男性剽悍善擊刺出入必持鏢弩諸苗皆畏之

在大定威寍等處有之男子身穿麻布土色衣服女子頭戴小帽以五色珠吊之畧十数掛儼與冕旒相似富足者衣服亦間用花邊但不多見因其不知禮節不事詩書所以居山僻壤時人謂之土猓也

貴筑龍里清平有族無姓衣淺藍色短不及膝以木
梳束髮婦人衣花衣無袖惟両幅遮前覆細摺短裙
跳月與花苗同中秋祭先祖及親族亡故者擇壯牛
毛色頭角純正者飼以水草至禾熟牛肥釀酒殺牛
召集親屬劇飲歌唱延鬼師於家以木板置酒饌循
序而呼鬼名竟晝夜乃春獵於山獲禽以祭畏見官
事有不平者但聽鄉老决断急公服役

性好楼居其楼先起中間一柱然後圍轉穿成約両
三層其形如廟宇一般人居楼上下面俱関牲畜楼
閣之上仍供香火其碓磨亦安於上焉相傳大族之
家始居楼上奴僕總住矮屋又有所謂賓母者即令
鄉約是也賓母不准其楼亦不敢起坐富足者男子
蓄髮不戴苗梳長衣大袖畧與明朝相似婦女亦如
狆家等類其衣前短後長後襟門岔處以苗錦線之
亦工土布販賣為業水城郎岱處有之

修文縣鎮寍州黔西州有之衣尚青婦人以青布一
幅着之男子頂竹笠躡草履出入佩刀性强悍好閗
頗同猓玀然猶知法不敢為盜又名箐苗居依山箐
遷徙無常不善治田惟種莜麥稗梁麻衣皆其自織
男子未婚者翦腦後髮乃留之

在安順平遠等處有之男子頭裹青衣身作土布衣
脚穿草鞋女子頭以海巴作飾身亦以土布為服用
羊狗毛織成長裙慣養六畜善於歌舞出入男女亦
同行焉

黎平思州等處有之其人不務正業三五成羣手提利刀有人過之慣搶擄若人多者得以逃脱性命倘只二三則為其所挾先将金帛搶去後則喪命耶或哀求亦必剥去衣物始獲逃脱近日漸遵化理亦頗還淳但風俗强悍亦或有未盡淳樸焉

貴陽貴筑修文等處有之男女土布為衣其面經年
不洗面黑鼻鉤其形兇勇以捕獵為生凡捕捉擇選
吉日先祭山王彼此預相慶賀如餞行一般然後入
山捕獵衆人搜山野物以強弓硬弩投之百發百中
其俗與花紅獐狫相同

大定所屬威寍等處有之男女俱穿織錦花衣頭頂木梳勤於耕作徃山力種載食帶之任其雷雨向硐避之亦不回也男女俱披裙夜則轉回故名披裙與石阡府洞苗相似亦好居洞焉

大定府黔西州有之其婦女頭打盤頭以紅白羊珠海巴為飾耳墜大環手以針刺靛染為計衣領向前直下一譬花邊其女子多睛取娘家財物以致富若娘家六畜出外女子即便牽回以為己物父母亦無爭論富足頸上帶銀項圈作飾或學男子打辮亦與倮夷相似近漸有讀書成名者至家亦禮俗可愛但性好爭訟亦與六額子相同

乃馬三保之兵因繳水西時流落数百在此無以為家遂與苗女為婚則男女善吹弹跳舞或親朋往来則相唱和為樂亦知漢話但與苗民為婚其語多有不同處男子頭纏藍布女子亦着五色苗衣八寨有之

在大定府屬有黑白二種皆深目長身黑面白齒其
俗尚鬼故名羅鬼漢時有濟濟火者從武侯破孟獲
有功封羅甸國王即安氏遠祖自羅甸東西若不祀
夜即佯狥則以國名若特磨白依九道則以道名皆
猓玀之種也自濟火以来千有餘年世長其土勤四
十八目部部之長曰頭目今土目是也次則為黑種
有慕魁勺魁以至黑乍皆有職守亦有文字類蒙古
書男以青布纏頭籠髮其中而束纇若角狀不與百
姓結婚平居善畜馬好馳騁以射獵習擊刺為諸蠻
冠

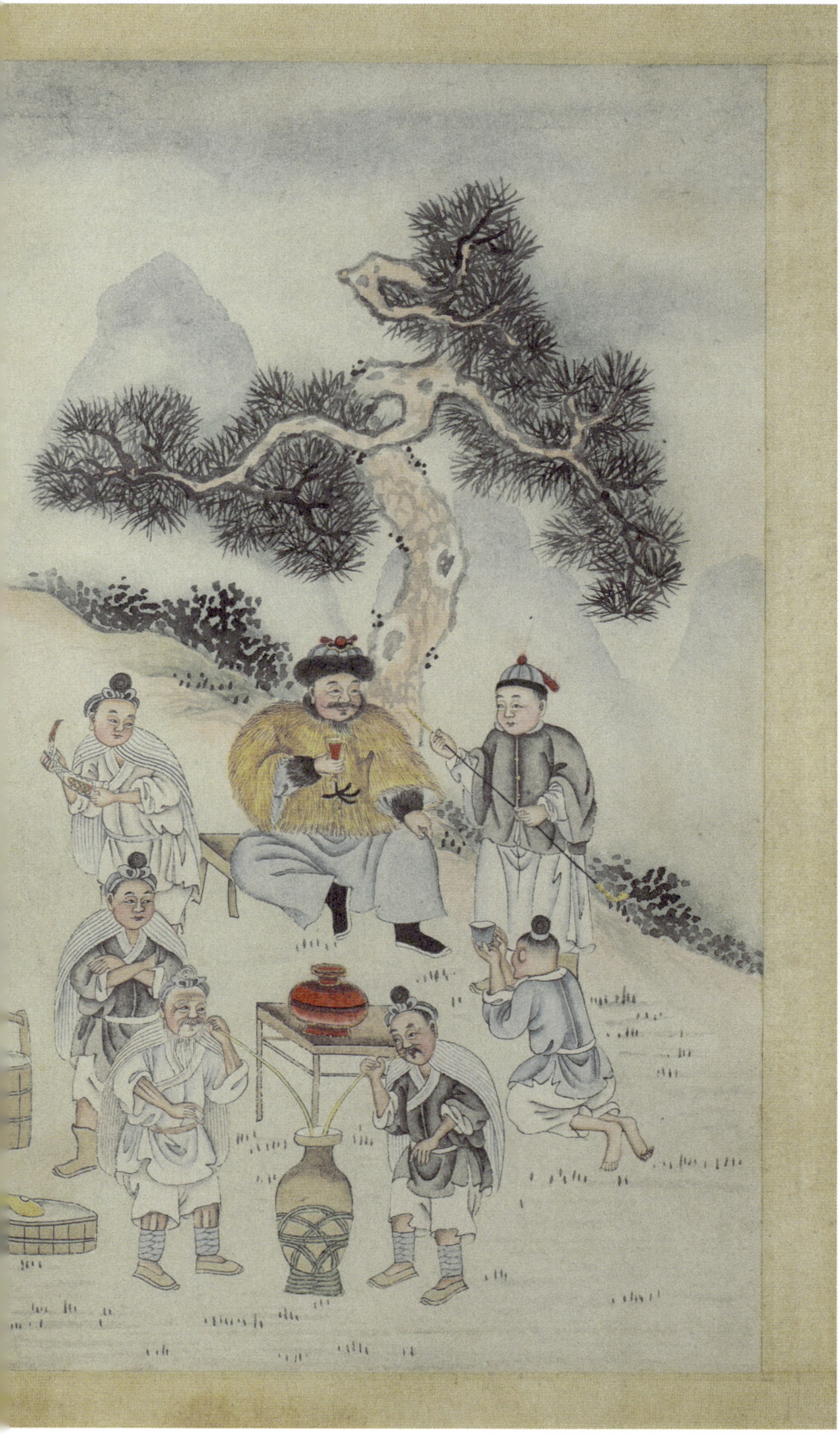

乃馬三保之兵因繳水西時流落数百在此無以為家遂與苗女為婚則男女善吹弹跳舞或親朋徃来則相唱為樂亦知漢話但與苗民為婚其語多有不同處男子頭纏藍布女子亦着五色苗衣八寨有之

在貴定男女蓄髮寸許死則積薪楚之又有猪豕獐
狫身面經年不條與犬豕同牢得獸即咋食如狼在
清平者頗通漢語聽約束石阡之苗民同黎平之八
舟司古州之曹滴司有之

大定府屬有之男以青布為衣女作五色布為服男女俱蓬頭赤足吹笙跳月夜靜則回多有苟合故曰西溪

廣順州有之其人至雍正八年由廣而来無有棲身居其洞内婚姻各以其類不與别夷聯親嫁時數人送之各執一傘新人用傘一把單着賠奩必家伙各項齊備始行禮焉男女穿戴悉如漢人嫁時新人以白布蒙嘴姨娘姊妹前後相隨謂之送親惟此稍有不同耳

[illegible]

清江八寨古州有之其婚姻不用父母之命亦不須媒妁之言但相悅者即苟合交歡或入深山相引至生子而後歸乃用財物以行聘定之禮謂之財禮其禮物或用銀數兩或牛馬折算兩家各敬先祖謂其子有後人矣

大定所屬多有之男子勤耕怠於農事女子勤耕作
與漢人無異但三月三六月六九月九日各寨以三
牲酒禮献其鬼樹婦女老來常打盤頭與夷婦相近
所買奴僕待之寬恕長大亦皆婚配以薄田瘦土十
分之一其與皃女完配各居其樓以爲清净之所上
樓下搂此亦俗焉

頭上各頂一物如羊角一般男女相似性好樓居上
樓下欄男子身帶大刀女子身穿五色花衣養牲畜
以為業興義等處有之性多苟合其吹笙望月跳場
為婚亦與各苗同性

黑種以土目分長子為土目次名黑種不敢與土目同居亦不敢與同行若遇路旁而不躲避即罸罪銀見土目如行君臣兩大手指襯頭不敢抬命坐草登猓玀見黑種亦分上下如見土目禮其完婚時若有嫡親尊長新婦代為洗足左右不紊必賞新人銀兩不然則抓癢不止親長先俻禮防馬葬亦赶憂禮與土目相似

箐苗

貴陽安順大定等處有之男子頭頂竹笠女子頭頂花帛耳垂大環服土布短衣長裙耕讀為業父母死留家三日用狗祭之又塟每以横埋俗云横苗倒撑犵此其俗也嘗讀詩書知禮義者婚娶多於場市跳花其愜心者牽之回家方以牛酒為聘女子歸家生子纔來回門每歲用不足亦大概也

與義所屬有之男女苟合不論親疎相悅者約於洞
内数十人以鷄毛三匹竹筒裝就彼此擊打為戲男
子勝過女則與成婚女勝過男則伏於地下任婦頭
上奔三轉名曰公鷄頭

銅仁府有之吳龍石麻白五姓衣服悉用班絲紅以
此為務牲畜不宰皆掊殺以火去毛微微煮帶血而
食之人死仍用棺木將所遺衣服裝像擊鼓歌舞名
曰調鼓每歲五月寅日夫婦各宿不敢言不出戶以
避虎傷同類鬪殺以婦人勸方解

在平越都匀興義等處有之男女頭帶狐尾素色為衣耕作為業閑時以数年朽濫木椿敲其聲音以作歡之不分男女好以抱腰而争其勝兩人屡次架臂抱之勝有数人看其勝負以擊柝為助強者得賛弱者受罰

清江黎平古州有之男女婚嫁姑之女定爲舅媳倘舅無子必重献舅謂之外甥錢否則終身不得嫁或少年往來謂之阿妹居衆入寨同就女子守墳一月死者生前所私男女各揷竹於墳前繫以色線以十月為歲首古州男子亦皆合婚但寨分大小下户不敢通上户有客往来以酒用牛角敬之

在貴陽所屬有之男女土布為衣婦女羊狗毛織成
横裙謂之桶裙花布曰花犵狫紅布曰紅犵狫各有
族数不通婚姻殮以木而不葬置巖穴間或臨大河
不施蔽葢樹木主於側曰家親殿屋宇天地数尺架
以巨木上覆杉葉如羊柵謂之羊樓其人皆悍而善
弃經命死黨得片肉壺酒郎軀與之

黎平所屬有之好供羅漢在於巖内之中男女頭戴狐尾男子身穿青衣女子亦如花苗身穿苗錦其風俗與諸苗無異

在鎮遠思南等處有之男女俱穿織錦花衣女子袖不過臂裙不過膝頭挽花梳一把富足者或帶銀項圈数十條色多美麗其與人交好則以糯米飯為團以糖食辦之相贈以為情好之至閑時嘗在山中採其紫草以為生理亦勤耕作

大定府義漸里⿰犭幵子閑有之與漢人無異男女苟合
為婚不顧羞恥雖父母兄弟在前而淫哇之聲發於
堂內彼亦無所責論男子販賣毛貨為業女子猶知
紡織勤於耕作

黎平都匀等處有之與黑生苗相似頭帶野鷄毛身穿土色衣女子亦穿花衣将欲行竊以螺螄卜之螺螄張口即夜竊人牛馬等項若不張口即以械殺之永不動身其俗強悍每多貧者

思州所属有之男子身穿青衣女子头缠一布向上
犹如马镫性好耕作力于农事无牛者以人代之一
人前扯一人向后推犁俨若使牛一般

在廣順州男子以麻布為衣婦人頭上各戴一衿如
古之方也其衿邊内吊五色羊珠畧有數掛每逢族
老生期備禮送之以為孝宗族焉與馬鐙大頭籠家
相似

在廣順州之金筑司擇懸崖鑿竅而居不設床第構竹梯上下高者或至百仞畊不挽牛犁以錢鎛發土耬而不耘男女躧笙而偶生子免乳而歸其聘財親死不哭笑舞浩歌謂之鬧屍聞杜鵑聲則舉家號泣曰鳥猶歲至親不復矣

在新添丹行二司男子衣草簑着土布短裙喪葬亦
殺牛歌舞以十月朔為大節祭鬼以丑戌日為場期
惰耕作喜魚獵性狂悍出入帶刀弩叉石阡沿河司
有冉家蠻俗類皆同

苗族画谱

《苗族画谱》提要

马凌香
（香港城市大学中文及历史学系）

《苗族画谱》全书共有四册，于第二册左上贴有洒金红色纸题签，毛笔墨书“苗族画谱”“共四”六字，第一及第二册有图21幅，第三及第四册则有图20幅，现藏于京都大学文学研究科图书馆。按登记日期，1915年3月31日收入馆藏，在京都帝国大学（京都大学旧称）购买记录中的书名为《滇省猓猓图》。

四册书的装订形式为蝴蝶装，封面旧裱木夹板，除了第一册书尺寸高37厘米，宽26.3厘米外，其余每册书的高皆为36.9厘米，宽26.3厘米。[1]至于四册的内页尺寸，则介于高36.7厘米至36.9厘米之间，宽26.3厘米。第一册与第二册共有50页，其中前后各4页皆为空白，图绘21张；第三与第四册共有48页，前后各4页皆为空白，图绘20张。

全书无目录，有图无说，图绘的左页，皆为空白，并贴上浅桃色的无纹纸，且撒有金银箔。每页图绘纸背左侧，可见用毛笔墨书写序号。图绘为纸本水彩，绘图精美，图绘尺寸高30厘米，宽22.1厘米，图绘上方粘贴红色浮签，粘贴位置不一，手写墨字记载族称名。通检全书，并未发现临画者或收藏者印章。画图既有场景描绘，也注重人物面容五官与细节等方面的描绘，绘画技法有西洋技法影响的痕迹。

本书共收录苗族画图82幅，依次是黑猓猡、女官、白猓猡、宋家苗、蔡家苗、卡尤狆家、补笼狆家、青狆家、曾竹龙家、狗耳龙家、马镫龙家、大头龙家、花苗、红苗、白苗、青苗、黑苗、东苗、西苗、夭苗、猍苗、打牙犵狫、剪头苗、猪屎犵狫、红犵狫、犵兜苗、水犵狫、锅圈犵狫、披袍犵狫、犿狫、犵獞、僰人、土人、蛮人、峒人、猺人、杨保苗、狫犷苗（佯僙苗）、九股苗、八番苗、紫姜苗、谷蔺苗、狫洞罗汉（阳洞

1　至于内页的尺寸，则不尽相同。第一册是高36.9厘米，宽26.3厘米；第二册及第四册是高36.7厘米，宽26.3厘米；第三册是高36.8厘米，宽26.3厘米；至于图绘尺寸，第一册为高30厘米，宽22.2厘米；第二册为30.2厘米，高22.1厘米；第三册为高30厘米，22.1厘米；第四册高为29.9厘米，宽22.1厘米。

罗汉）、克孟牯羊苗、洞苗、箐苗、狑家苗、狪家苗（侗家苗）、狄家苗（水家苗）、六额子、白额子、冉家蛮、九名九姓苗、爷头苗、洞崽苗、八寨苗、楼居苗、黑山苗、黑生苗、高坡苗、平伐苗、黑狆家、清江苗、清江狆家、里民子、白儿子、白龙家、白狆家、土犵狫、鸦雀苗、葫芦苗、洪州苗、西溪苗、车寨苗、生苗、黑脚苗、黑楼、短裙苗、尖顶苗、郎慈苗、罗汉苗及六洞夷人。

《苗族画谱》与存于台北历史语言研究所的《苗蛮图册》，两相较之，在条目编排顺序上，近乎相似，仅有剪头苗、土人、清江苗的排序有所调动，在族名上，犵猊苗在《苗蛮图册》称花犵狫。一般上，多数苗图中仅以“猓猡”作为族名，以1941年入藏哈佛大学图书馆的一册82幅《苗蛮图说》为例，亦称“猓猡”，并解释“黑者为大，白者次之”。至于《苗族画谱》，则与贵州省博物馆藏《贵州少数民族图》、贵州省图书馆藏《百苗图》及早稻田大学图书馆藏的《苗蛮图说》一样，特别强调为“黑猓猡”。按《百苗图校释》对猓猡[1]的注释，有“黑彝”和“白彝”之分，强调属高贵的彝族。

从所收录的族类，较之于同样藏于日本，存于国立国会图书馆，属清代晚期的彩绘本，有五册82图的《苗蛮图说》，与《苗族画谱》相同，绘画风格和设色相似，且日本国立国会图书馆本还有单人画及附说题诗。至于同样藏于日本早稻田大学图书馆的《苗蛮图说》，其收录的族类也近乎一样，但《苗蛮图说》仅有80幅，缺了最后的“罗汉苗”和“六洞夷人”。以《苗族画谱》为中心比较，对比多本有82图的苗图版本，在族类序列上，通常在图谱的“峒人”族类之后，序列开始交错调动。至于哈佛大学图书馆藏的《苗蛮图说》，与京都大学馆藏的《苗族画谱》所收族类相同，在排序上则只有“青江苗”“黑狆家”及“黑生苗”有所调动。

从绘图内容而言，《苗族画谱》中“红犵狫”一图所绘，与许多其他抄本如《七十二苗全图》《黔苗图说》《苗蛮图册》有异，但却与现藏于历史语言研究所的《番苗画册》内容相近。然而，按《百苗图抄本汇编》的讹误考，其所画的内容为竹楼游方，非“红犵狫”。至于其他讹误，尚有“西苗”和“东苗”的画图与所标的族类标记不符，前后对调。

就图画而言，相较于其他与《苗族画谱》同类的馆藏，京都大学藏的《苗族画谱》在绘画风格、设色、人物描绘上，与傅斯年于北京购得，藏于史语所的《番苗画册》及藏于日本国立国会图书馆的《苗蛮图说》相似，但《苗族画谱》的绘图在各方面都较

1　猓猡是汉族对彝族的他称。彝族内部实行家支制度，个人社会地位取决于出身的家支，按血缘确认个人的贵贱。

《番苗画册》精美，但内容的丰富性却逊于《苗蛮图说》。《百苗图抄本汇编》中认为《番苗画册》为书坊所为，若以此类推，京都大学所藏的《苗族画谱》或亦出于书坊。无论如何，《苗族画谱》虽仅有画图而无附说注解，但其所描绘的人物、服饰和场景等，皆对于研究苗图的制作和流传及书中各族类的文化，有其特殊的价值。

黑猓玀

女官

白猓玀

宋家苗

蔡家苗

卡尤狆家

補籠狆家

青狆家

曾竹龍家

狗耳龍家

馬鐙龍家

大頭龍家

花苗

紅苗

白苗

青苗

黑苗

東苗

西苗

天苗

猓苗

打牙犵狫

剪頭苗

猪屎犵狫

紅犵狫

犵狣苗

水犵狫

鍋圈花苗

披袍犵狫

狇狫

犵獞

僰人

土人

蠻人

峒人

猺人

楊保苗

徉獷苗

九股苗

八番苗

紫薑苗

谷蔺苗

⿰犭羊洞羅漢

克孟牯羊苗

洞苗

箐苗

狑家苗

峒家苗

狇家苗

六額子

白額子

冉家蠻

九名九姓苗

爺頭苗

八寨苗

楼居苗

黑山苗

黑生苗

高坡苗

平伐苗

黑朴家

清江苗

清江种家

里民子

白兒子

白龍家

白种家

土犵狫

鸦雀苗

葫蘆苗

洪州苗

西溪苗

車寨苗

生苗

黑脚苗

黑楼

短裙苗

尖頂苗

郎慈苗

羅漢苗

六洞夷人

滇省苗图

《滇省苗图》提要

蔡纪风
（复旦大学文史研究院）

京都大学文学研究科图书馆藏《滇省苗图》一册，木夹板装，上夹板中央镌“滇省苗图”四字，青色颜料已基本脱落。图册高31.1厘米，宽25.7厘米。

首页上方钤紫色椭圆形印，图书馆旧分类法编号143819，编码3.7.1，表明入藏时间为大正三年（1914）7月1日。下方朱文篆印钤“京都帝国大学图书之印”十字。不题撰作人。

本书为蝴蝶装，共78页。其中前后各2页，共4页皆为空白。图绘共68张，每一部族，男女一组，各配一页，两页一套，共34部族。最后3件图绘，皆为两页一图，共6页。图绘皆用纸本水彩，其他部分都用无纹白纸。图绘右上记载部族名，若有对该部族的解说便在其下附以双行小注。

京都大学藏《滇省苗图》并非完书。从形制上看，图册有较多脱页。从内容上看，第9页侬人双行小字注释提及“其类与沙人相似”，沙人是本图册所未收部族。可知本图册之原体量大于目前所见。

图册所收34部族，依次为阿者猓猡/阿者猓猡妇、鲁屋猓猡/鲁屋猓猡妇、麦岔/麦岔妇、嫚且/嫚且妇、麽些/麽些妇、幞喇/幞喇妇、扯苏/扯苏妇、白人/白人妇、侬人/侬人妇、撒弥/撒弥妇、利米/利米妇、摩察/摩察妇、普岔/普岔妇、干猓猡/干猓猡妇、怒人/怒人妇、妙猓猡/妙猓猡妇、僰夷/僰夷妇、窝泥/窝泥妇、俅人/俅人妇、罗婺/罗婺妇、海倮猡/海倮猡妇、土獠/土獠妇、莽子/莽子妇、缥獭/缥獭妇、蒲人/蒲人妇、峨昌/峩昌妇、苦葱/苦葱妇、麽些/麽些妇、西番/西番妇、老挝/老挝妇、猁獾/猁獾妇、缥人/缥人妇、狜猔/狜猔妇、缅目/缅目妇。最后三幅图绘为西番苗、短裙苗、夭猔苗。

本图册的成书年代没有标明，但可以略加推断。

本图册的时代下限，阿者猓猡图解说句“惟广西府有此种”，洪武十五年（1382），改广西路为广西府，治所在今云南省泸西县，包括泸西、师宗、丘北、弥勒等县。康熙

《广西府志》沿用此名，清高宗三十五年（1770），广西府改为直隶州。1913年改广西直隶州为广西县。1929年改为泸西县，未改回广西府。同样的情况还包括武定府改武定州，姚安府废等。由此可知，此图绘制完成不晚于1770年。

本图册的绘制上限无法在图册中找到直接的证据，可以通过部族名称的排列及其解说来与年代清楚的苗图对比，从而进行推断。

清代最早的一部滇夷图册是成书于康熙、雍正年间的《滇夷图说》。此书是明代万历年间《云南诸夷图》的增补抄绘本，《滇夷图说》收部族名目47种。《皇清职贡图》彩绘正本四卷成于1761年，收滇省图收名目36种。英国威尔康图书馆藏《云南营制苗蛮图》由云南镇标中军游击赵九州制作，成书亦在1770年之前，此图册收部族名目67种以上。德国莱比锡民族学博物馆藏贺长庚序《滇省迤西迤南夷人图说》，成于1788年，有木夹封套，高31厘米，宽26.9厘米，与京都大学藏《滇省苗图》形制最为接近，此图说收部族名目44种。到了嘉庆年间的《伯麟图说》(《滇省夷人图说》）所收夷人部族名目达到百种。以上这些苗图与京都大学藏《滇省苗图》时间距离较近，可资比较。

清代苗图所收的部族名目大体上呈现逐渐增多的趋势，这一现象足以说明帝国力量对边疆的渗透逐步深入，观察者和绘制者的本土知识越来越多，但云南的族群数量并不会因为苗图的绘制而增加，一族多名的现象在苗图中反复出现。如果合并同类项，云南的族群在15种上下（丁文江:《爨文丛刻自序》)。比如《滇省迤西迤南夷人图说》中的“摆夷”就是《滇省苗图》中的“僰夷”（僰人)，《滇夷图说》中的“土人”就是《滇省苗图》中的“土獠”。排列各图册所收的部族名目就会发现，《皇清职贡图》与《滇省苗图》最为接近。

《皇清职贡图》正本不存，台北“故宫博物院”藏谢遂满文摹写本（庄吉发校注）、摛藻堂四库白描本是重要的正本摹写本。《皇清职贡图》滇夷图收36种，京都大学藏《滇省苗图》不具有的包括：黑猡猡、白猡猡、犿人、沙人、苗人、猓猓蛮。《滇省苗图》收《皇清职贡图》未载的包括：猽獤、老挝、猢獭、缅目、短裙苗、犬猱苗。二者所收族群名目高度重合。从注释中来看，《皇清职贡图》记各部族之历史源流、历代更革、地理分布和土风民俗，比《滇省苗图》详细。但是《滇省苗图》中关于部族分布的地理信息与《皇清职贡图》完全相同，所记土风民俗也大体一致。如“妙猡猡”条，《滇省苗图》记：“广南、元江、开化、镇沅、大理、楚雄、永昌、永北、丽江、姚安十处所属有此种，居山种地，形貌丑恶，性情狰狞。男子束发为髻，善镖弩，穿短衣裤，不知担荷。（妇女）青布缠头，短衣短裙，跣足无裤，以布整幅搭于右臂，系结于左胁，婚令女择配，冬月作火炉，父子妇姑围卧，耕作为生。”《皇清职贡图》记：“……广南、元江、开化、镇沅、大理、楚雄、永昌、永北、丽江、姚安十府皆有之，无部落，各随土流兼辖，貌狞性悍，善用镖弩，耕种山地，冬月围炉中堂，举家卧其侧，男子椎髻短衣，妇女青布缠头，以幅布披右肩，绾于左腋，短衣短裙，跣足无袴，婚姻听女择配，其输租税与各种同。”二者的高度相似性是不言自明的。根据土獠、苦葱二部族比《滇省苗图》多记一分布地点，土獠多昭通一处，苦葱多镇沅一处，可知京都大学藏本很可能是《皇清职贡图》制作之参考。因此《皇清职贡图》云南部分开始绘制的时候，《滇省苗图》应当已经绘制完成。清高宗于乾隆十六年（1751）谕令各督抚绘其所属苗瑶黎獞及外夷番众（《高宗纯皇帝实录》卷三九〇）。《皇清职贡图》云南部分绘制完成在乾隆二十六年（1761）前后。因此，京都大学藏《滇省苗图》的制作上限在1751年至1761年间。

本图册第5幅和第28幅出现了两幅麽些族的图绘。所录文字信息完全相同，但所绘人物形象大异。根据所录文字易知第28幅为真正的麽些图绘。第5幅所绘男子裹头背筐，短衣跣足，腰系荷包，妇人缀银环，着短衣，绣花布裙，携竹筐。这些特征与《皇清职贡图》中的苗人/苗人妇的图绘和解说若合符节，可以认定其所绘正是苗人。

京都大学地理学部所藏《滇省苗图》制作精致，图绘优美，可以一窥清代苗图的制作与流传，是我国民族史研究的珍贵史料。

阿者玀玀婦

阿者玀玀

男子束髮纏頭身穿青藍布短衣褲披羊皮耳帶大環性愚勤力男跣足婦著履種雜糧為生惟廣西府有此種

魯屋玀玀婦

頭戴青勒耳墜圈環身穿短衣長裙跣足耕作為生

魯屋玀玀

男子束髮纏頭身穿青藍布短衣褲足踏木屐裹腿惟曲靖府屬有此種

麦岔妇

麥岔

男女挽髮跣足短衣褲負米糧入市貿易治生勤苦惟武定府有此種

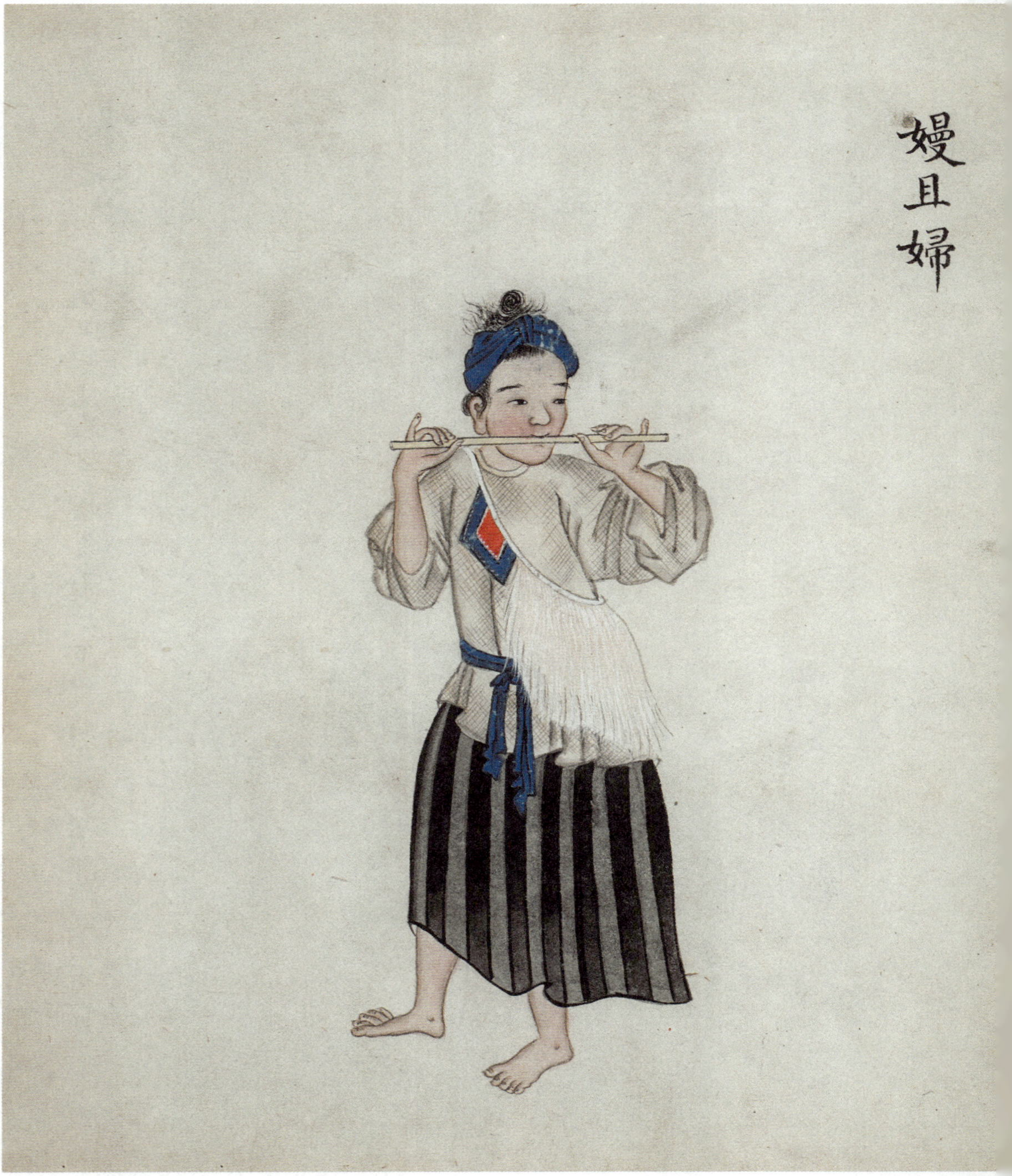
嫚且妇

嫚且

男婦皆麻布衣褌披羊皮纏頭跣足性好歌飲
男吹竹笙女彈篾琴唶咿可聽惟姚安府有此種

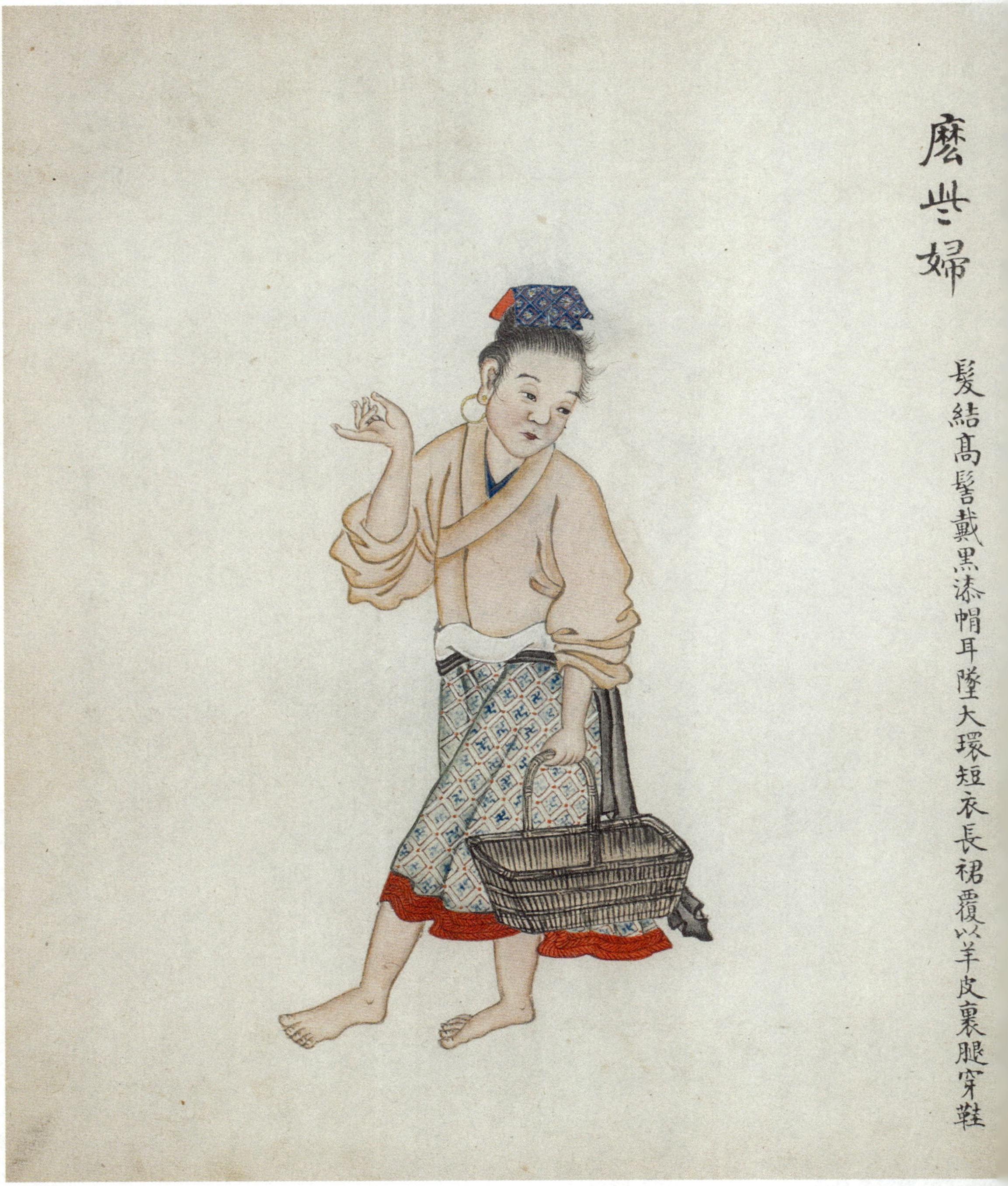
麽些婦
髮結高髻戴黑漆帽耳墜大環短衣長裙覆以羊皮裹腿穿鞋

麼些

鶴慶麗江二處有此種性情淳樸語帶烏音男子剃髮戴氊帽穿大領布衣披羊皮裹腿穿鞋有讀書游泮者

㯷喇婦

青布包頭耳帶銀環身穿青布長衣褌披羊皮負瓜菜市賣

獛喇

臨安廣西廣南元江等處有此種男子束髮裹頭插雞羽身穿青布短衣褲披羊皮跣足耕山種木棉捕獵禽鳥為生

扯蘓婦
跣足無褌短衣長裠績線為業

扯蘇

束髮纏頭衣皂布短衣褲披羊皮白布裹腿穿皮鞋居巖種莜惟楚雄普洱二府屬有此種

白人婦

白人

雲南臨安曲靖開化大理楚雄姚安永昌永北麗江景東等十一處所屬有此種男女服製禮節悉如漢人亦有讀書應試者亦有纏首跣足短衣短褌披羊皮者考古白國之支流今亦稱爲民家子

儂人婦
束髮用青布包頭身穿皂布短衣釘密鈕扣下
繫青布桶裙穿鞋腰纒紅裹肚挑花白布手巾

儂人

臨安廣西廣南開化四處所屬有此種男子以青布纏頭身穿青藍布短衣褲白布纏腿穿鞋其性狡而兇狠好鬬出則攜鏢弩喪則以牛革裹屍焚之又名弄人其類與沙人相似

撒彌婦

亦用青布裹頭傍縫合兩結如帽耳帶小環身穿綠衣圍青布單腰繫

白布短裙紫花布鑲邊褲脚拖地穿鞋冬月男女俱披羊皮織布為業

撒彌

男女面多黑男子留髮挽髻青布裹頭成圈桶身穿毛褐披氈衫藍布短褲白布裹腿穿皮鞋腰繫短刀手持角杯好飲酒性情和柔耕種爲生間有讀書者惟雲南曲靖二府屬有此種

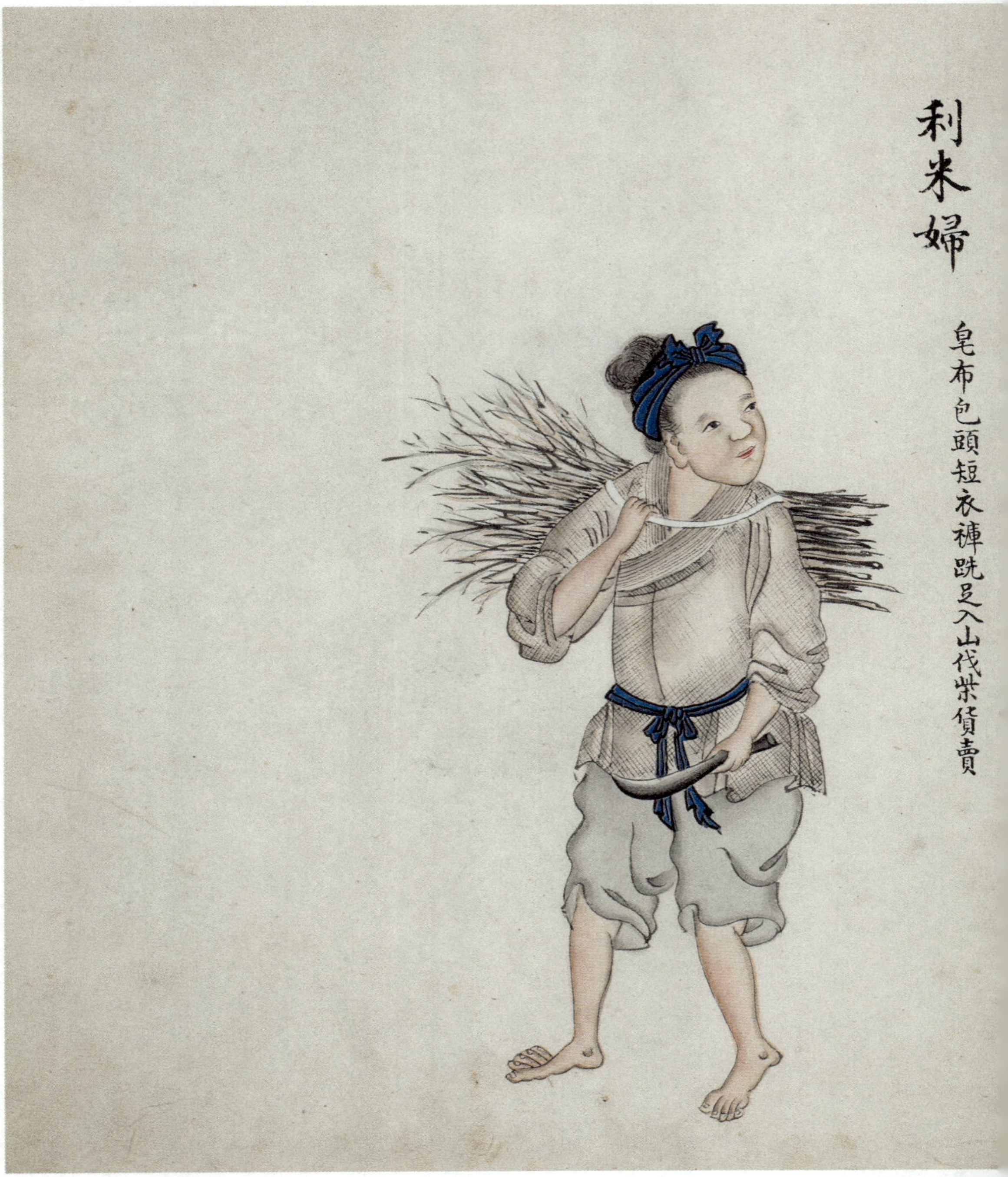
利米婦
皂布包頭短衣褲跣足入山伐柴貨賣

利米

居箐貌黑男子戴篾帽身穿麻布短衣青布短褲腰繫花包跣足善弩獵生食惟順寧府屬有此種

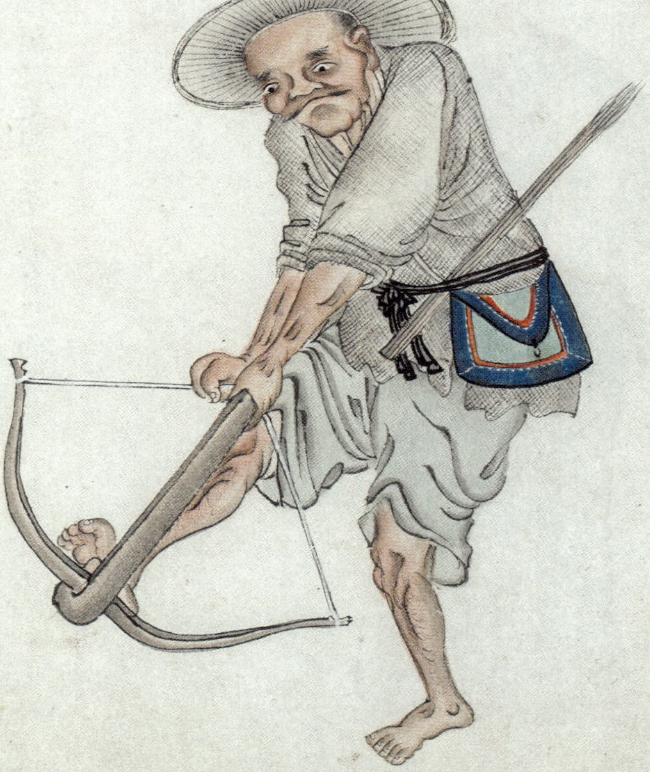

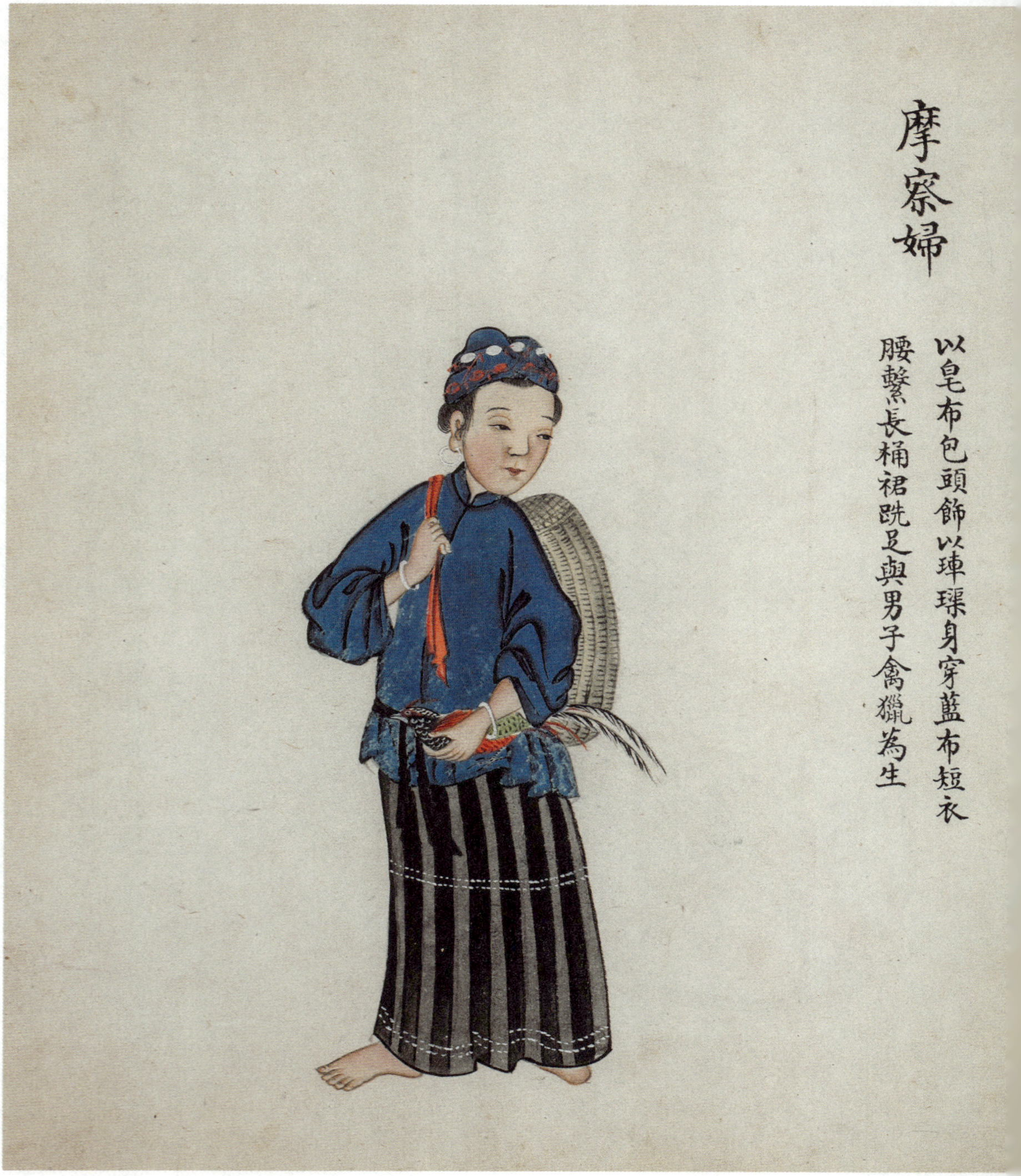
摩察婦
以皂布包頭飾以硨磲身穿藍布短衣
腰繫長桶裙跣足與男子禽獵為生

摩察

武定大理蒙化三處所屬有此種男子束髮纏頭帶圈環身穿青藍布衣褲披氈衫跣足腰繫短刀執木弓藥矢獵取鳥獸為生

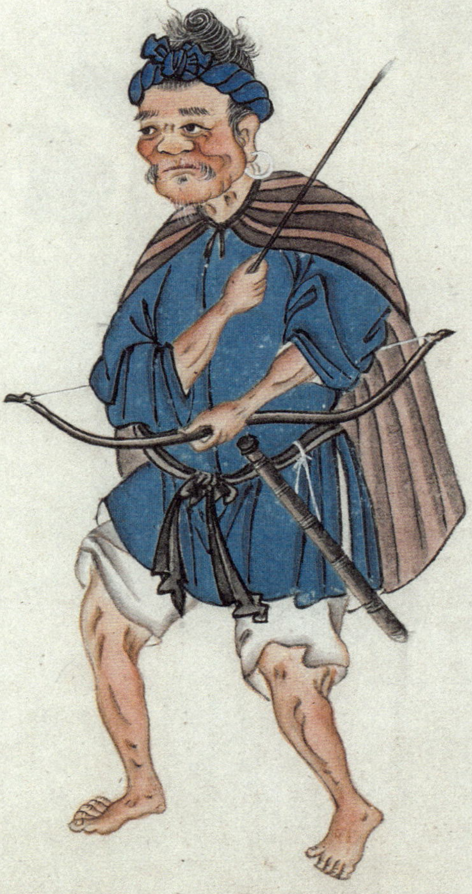

普岔婦

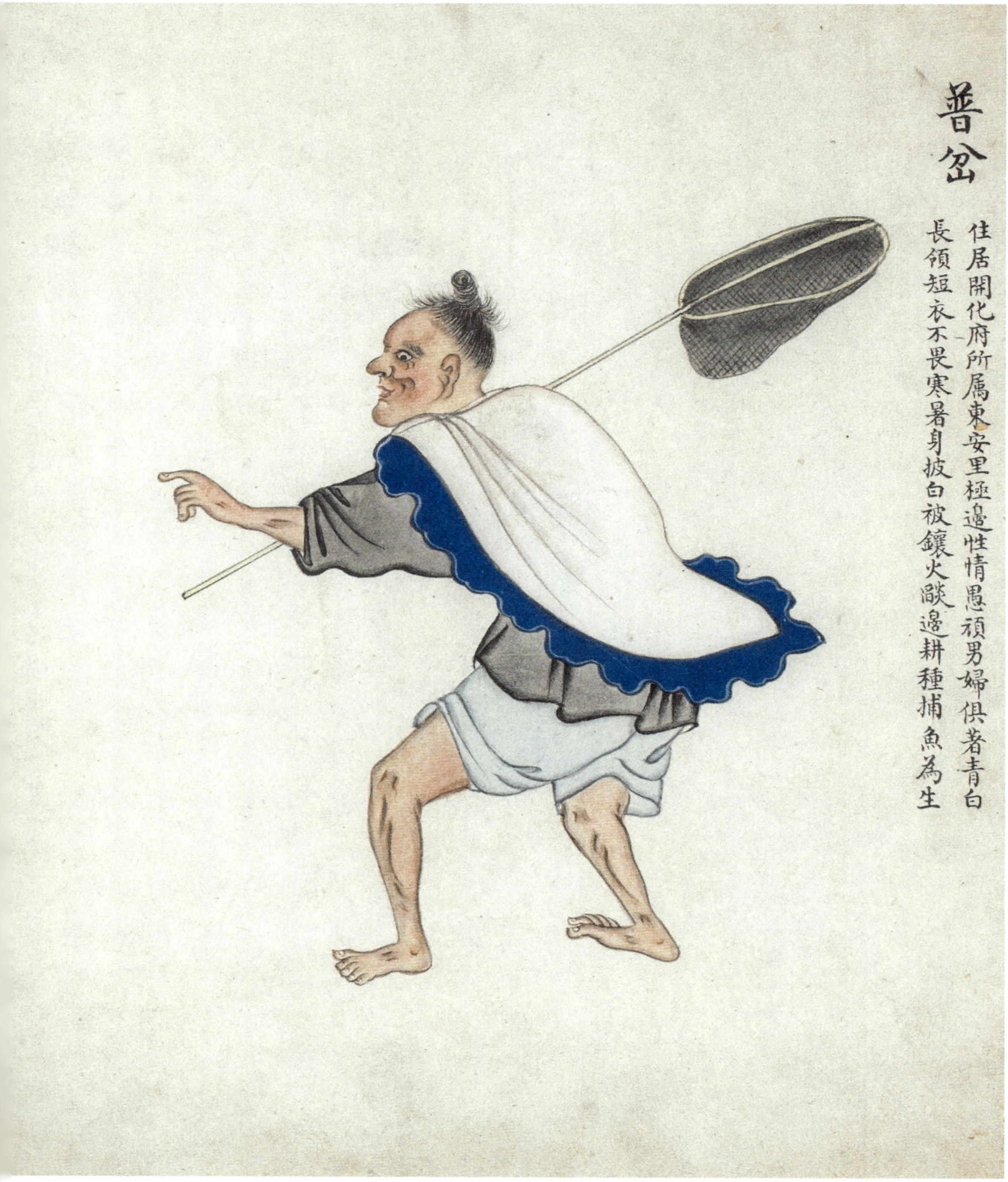
普岔
住居開化府所屬東安里極邊性情愚頑男婦俱着青白
長領短衣不畏寒暑身披白被鑲火燄邊耕種捕魚爲生

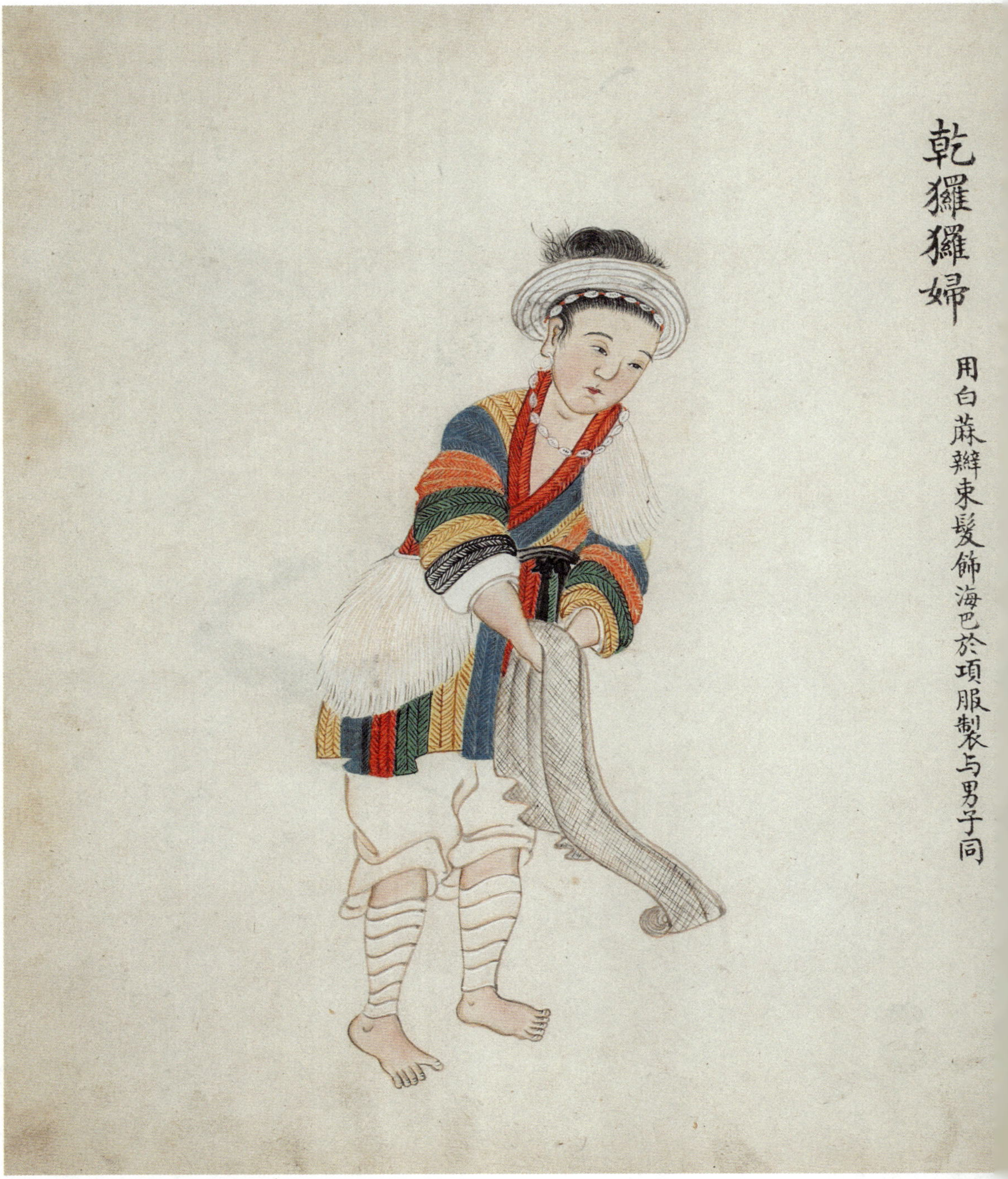
乾玀玀婦
用白蔴辮束髮飾海巴於項服製与男子同

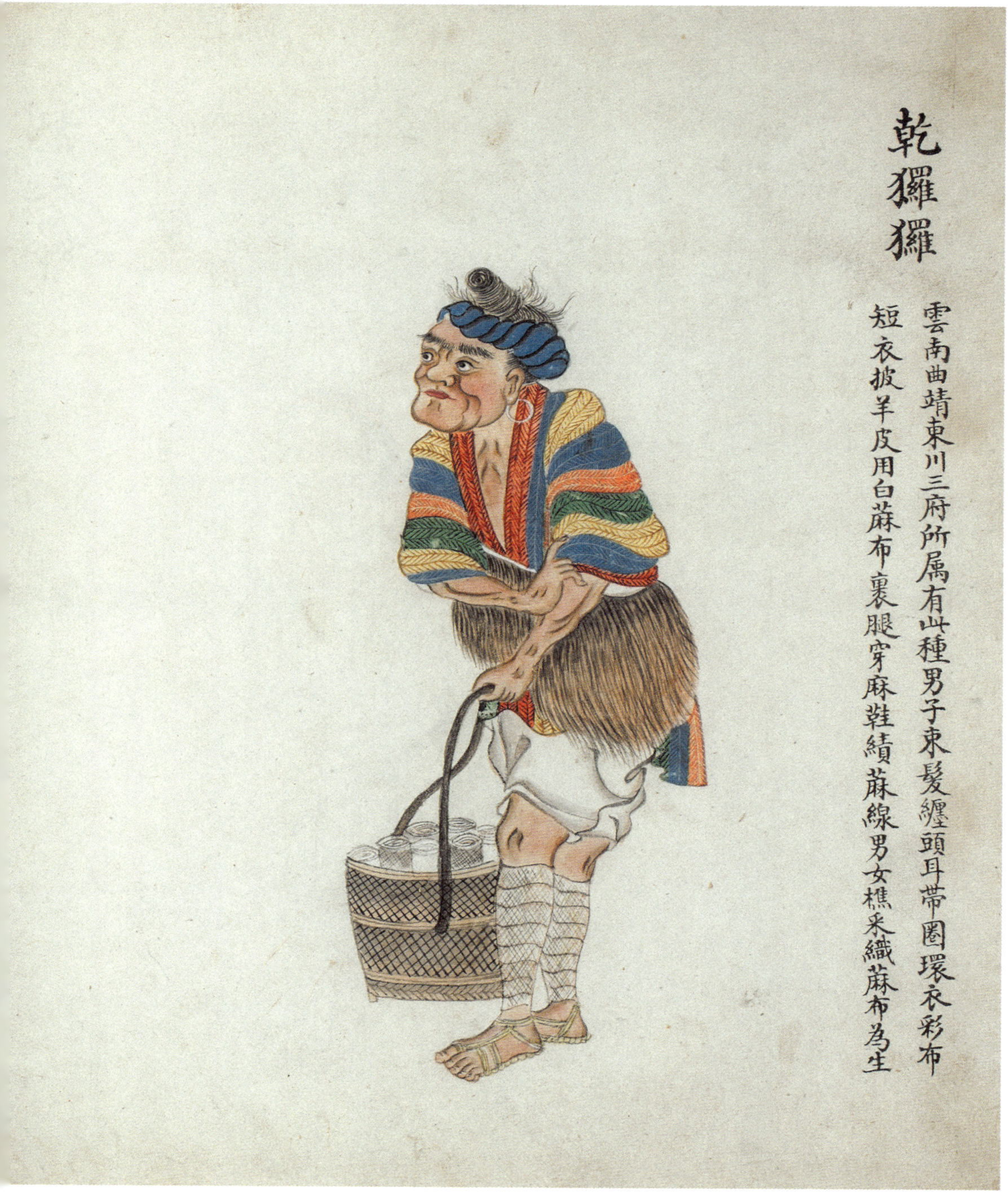

乾玀玀
雲南曲靖東川三府所属有此種男子束髪纏頭耳帶圈環衣彩布短衣披羊皮用白蔴布裹腿穿麻鞋績蔴線男女樵采織蔴布為生

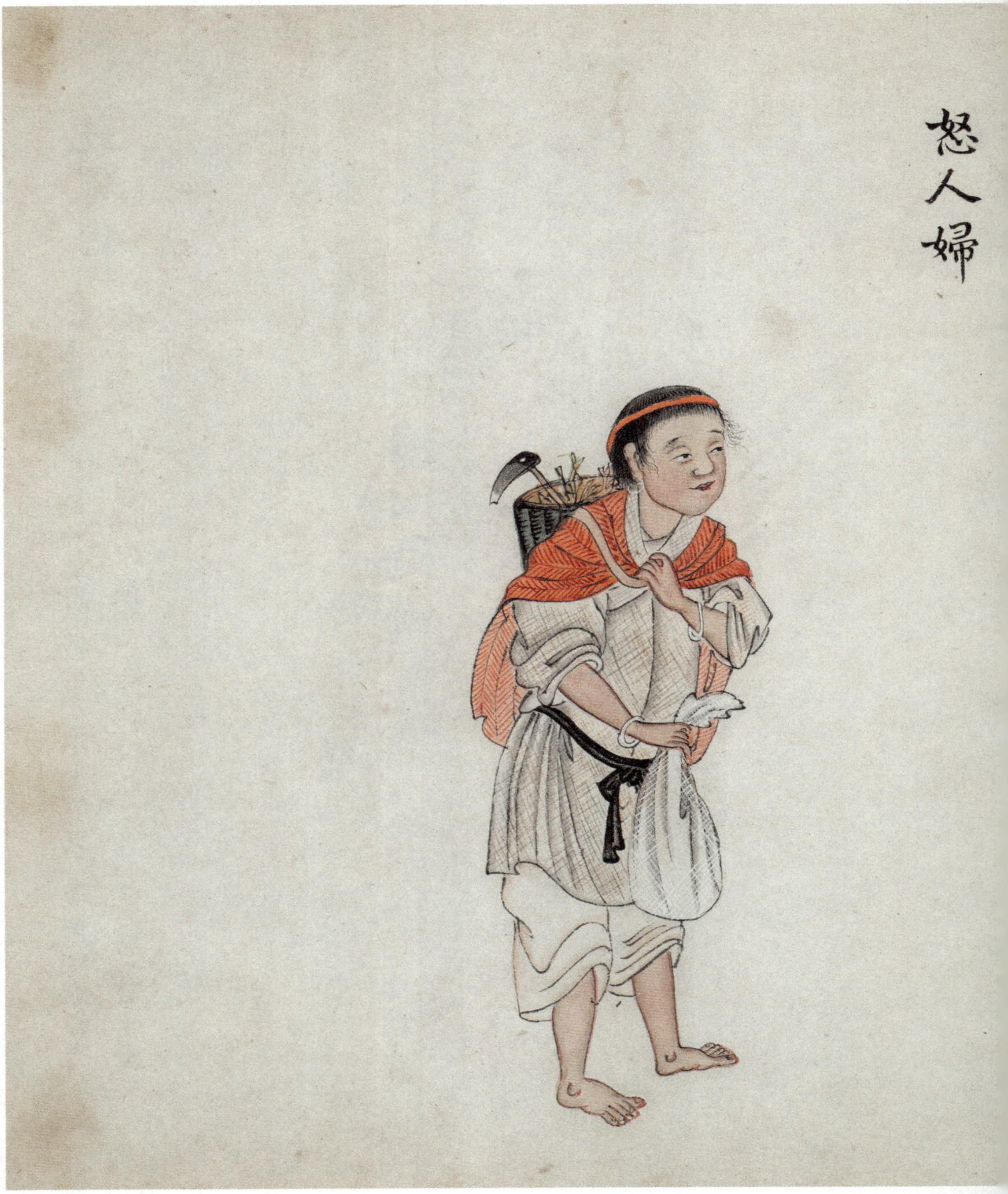
怒人婦

怒人

鶴慶麗江二處有此種居怒江内外性兇猂男女紅藤勒頭披髮身穿蔴布短衣褌披紅繻被單跣足男子執弓箭捕禽獸婦人耳墜銅環持蔴布袋負篾簍挖黄連種糧為生

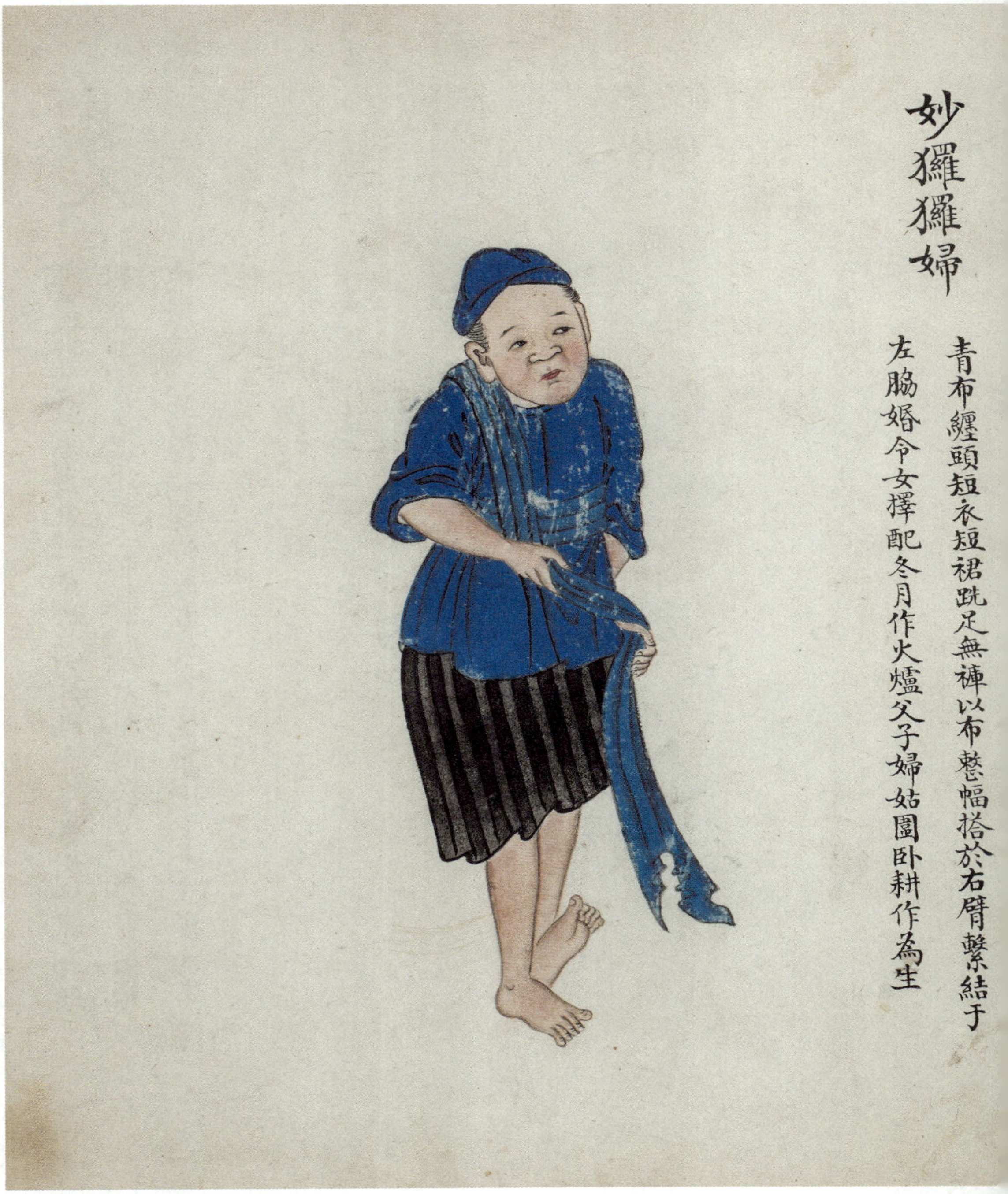
妙玀玀婦
青布纏頭短衣短裙跣足無褲以布整幅搭於右臂繫結于
左脇婚令女擇配冬月作火爐父子婦姑圍卧耕作爲生

妙玀玀

廣南元江開化鎮沅大理楚雄永昌永北麗江姚安十處所屬有此種居山種地形貌醜悪性情猙獰男子束髮為髻善鏢弩穿短衣褲不知擔荷

僰夷婦

盤髮辮紅綠包頭繫以五彩線繻耳帶大銀圈穿紅綠衣腰纏青紅花帶下穿青紅綠紬鑲邊桶裙改流後穿鞋習女工常以小荷包盛白銀時ゝ不置

僰夷

雲南曲靖臨安武定廣南元江開化鎮沅普洱大理楚雄姚安永北麗江景東等十五處所屬有此種男子青布包頭簪花飾以五彩線纓戴篾帽青藍衣褲白布纏腿穿鞋手執黑絲帕花手巾入市貿易耕種爲生

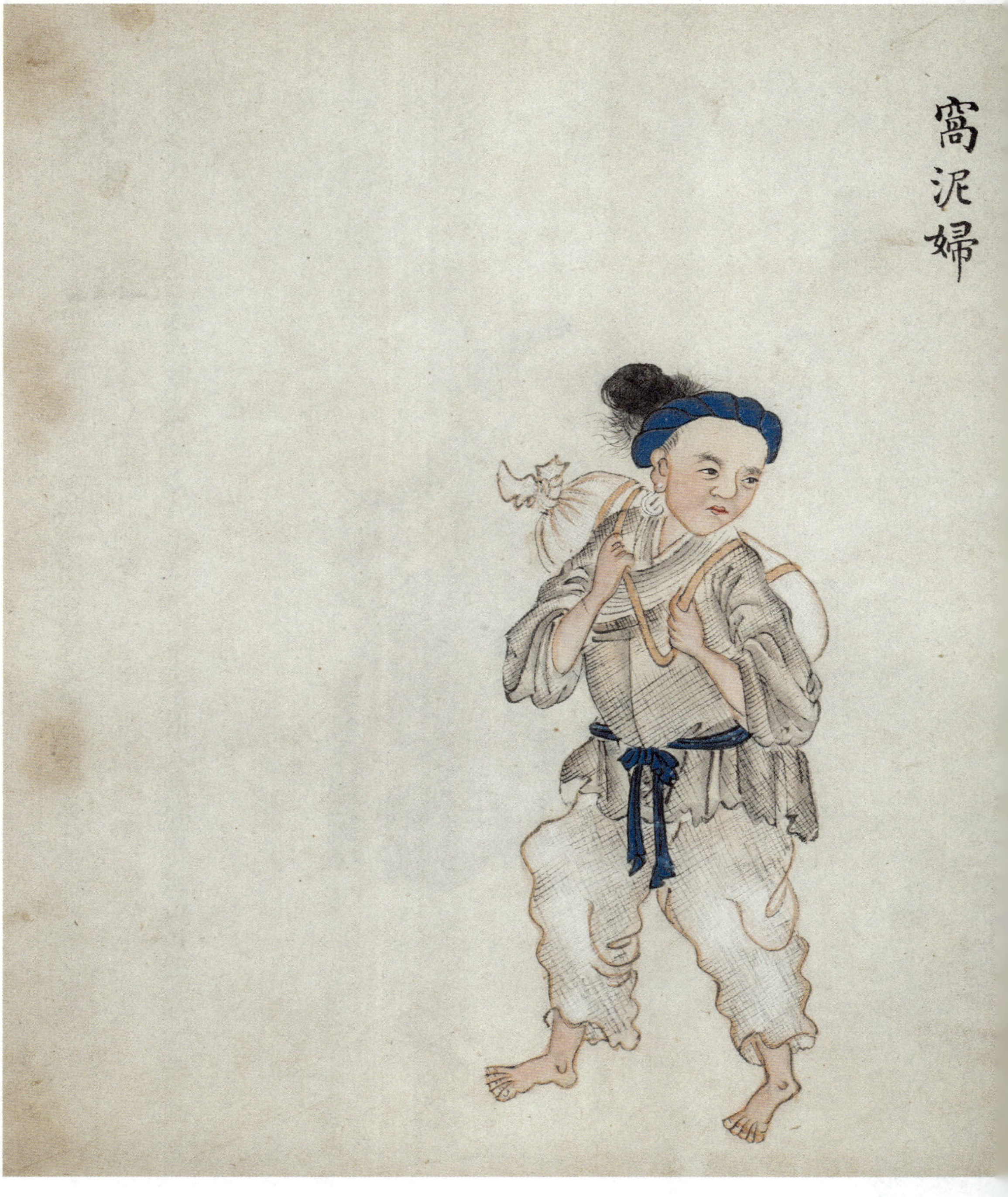
窩泥婦

窩泥

雲南臨安景東鎮沅元江五處所屬有此種面赤黑頭
戴麥稭草帽身衣火草蔴布男女俱短衣長褌種山地
養豬常入市貿易有與漢人襍處村寨者性樸魯安分

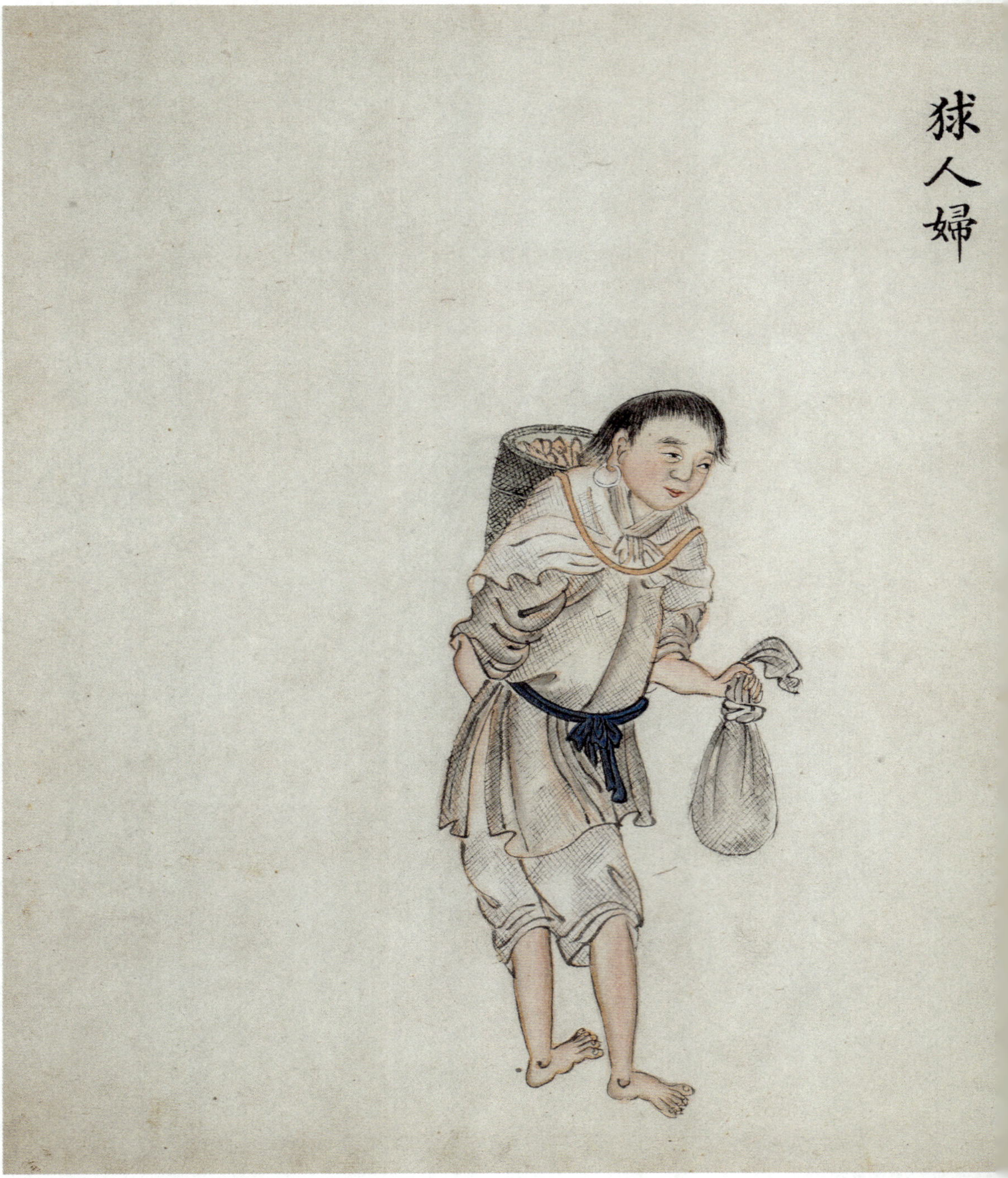
狇人妇

俅人

鶴慶麗江二處西域外有此種男女俱披髮身穿麻布短衣褲跣足婦女耳墜銅環挖黃連種黍稗住居与怒地接壤畏懼怒人不敢越江界

羅婺婦
辮髮垂肩飾以硨璖瓔絡身穿
短皂布衣火草布長裙跣足入市

羅婺

雲南武定大理楚雄姚安永昌景東等七處所屬有此種男子挽髮戴笠穿火艸布短衣褲披氊衫跣足耳帶大環腰繫短刀勤耕種

海猓玀婦

海猓玀

性情淳和男婦衣飾同漢制
以耕讀為生惟曲靖府有此種

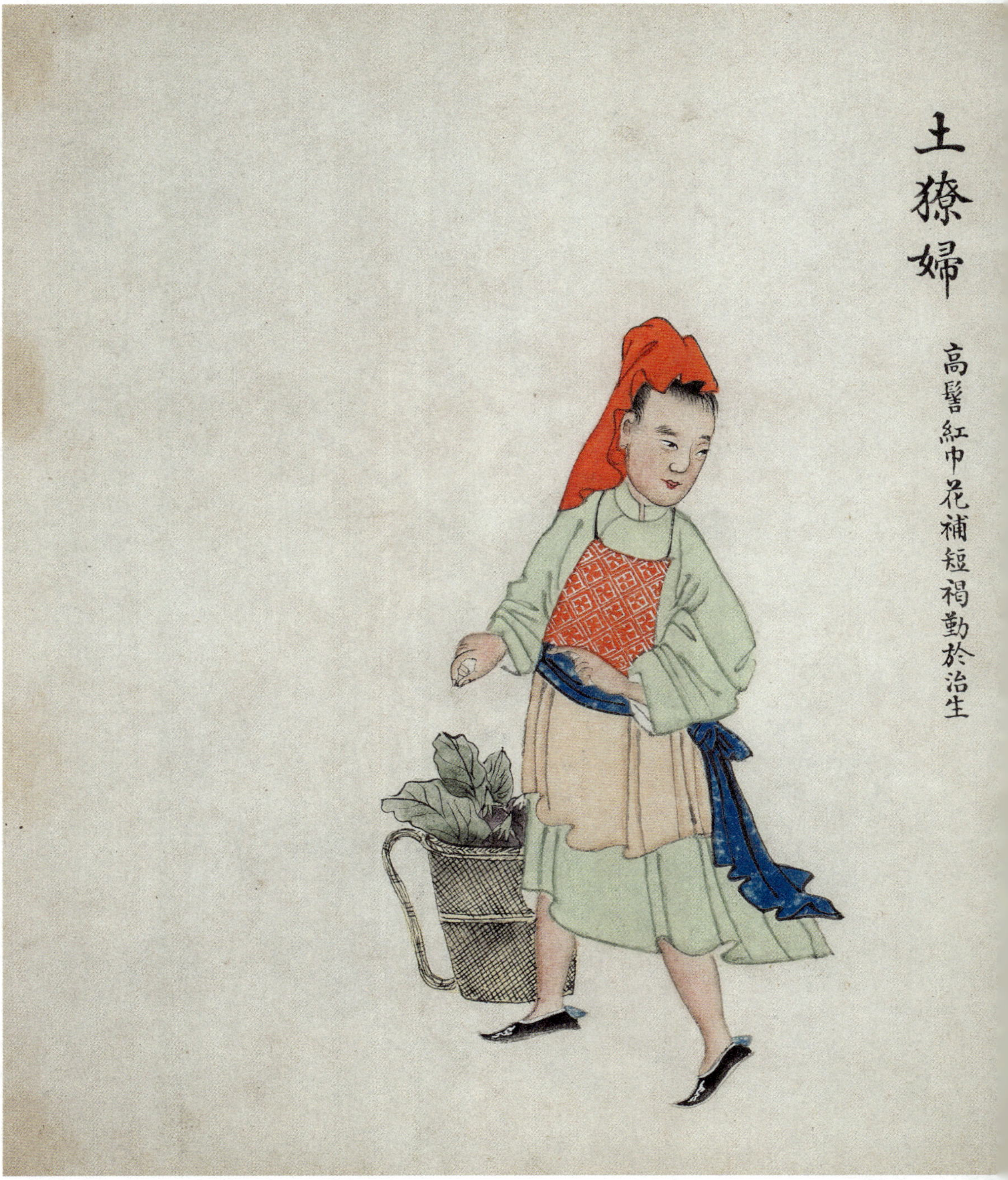
土獠婦
高髻紅巾花補短裪勤於治生

土獠

臨安澂江廣西廣南開化等處所屬俱有此種男子首裹青帨身穿麻布衣青藍布褲常負竹籠盛酒食入市貿易

莽子婦

束髮為髻身穿窄衣桶裙跣足手執篾絲葫蘆盛貯食物

莽子

普洱永昌二府所屬有此種係木邦阿瓦夷民體力健男子蓄髮戴黑漆帽頭裹偏單腰束粗布跣足常負擔貿易

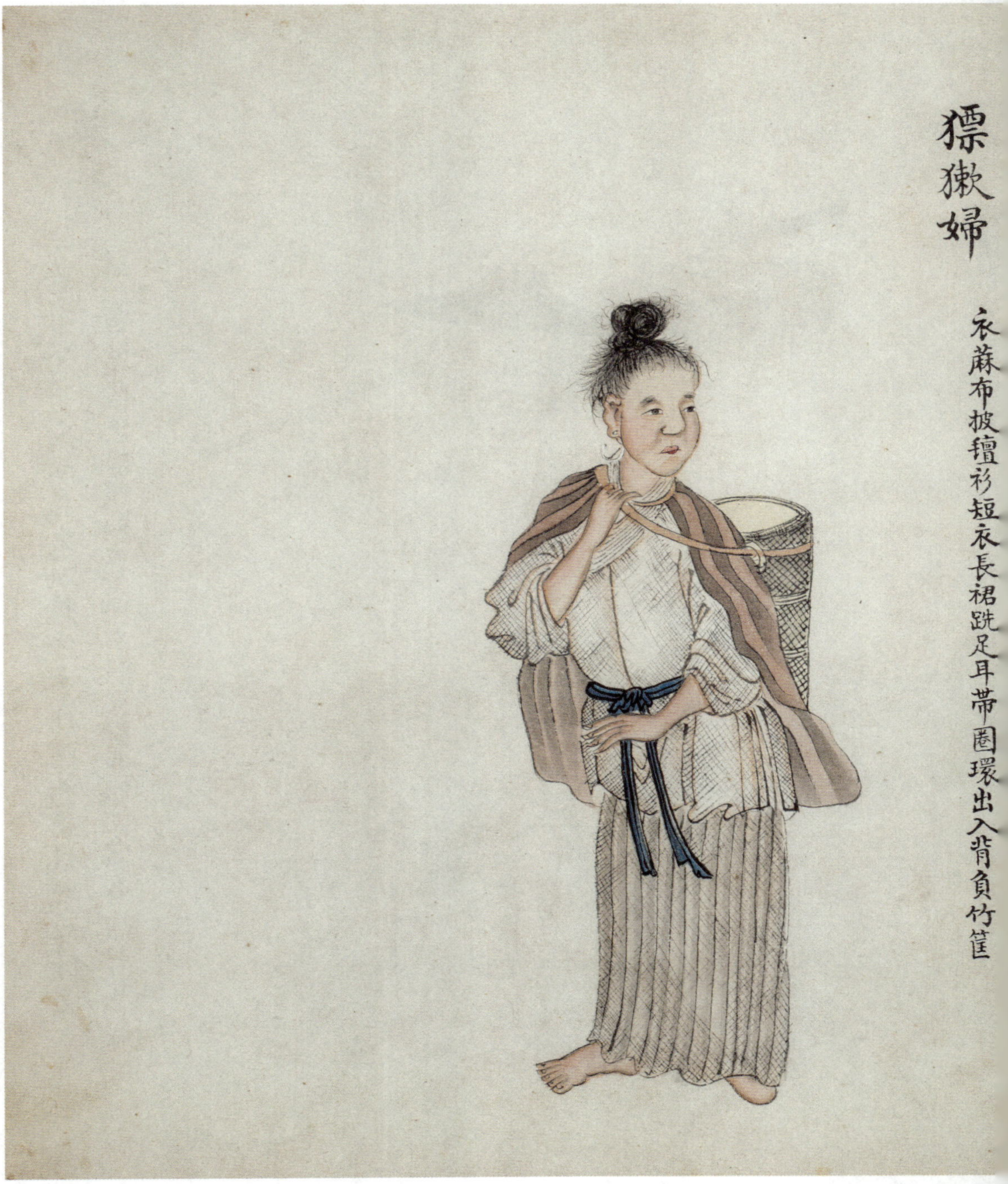
獛獭婦
衣蔴布披氈衫短衣長裙跣足耳帶圈環出入背負竹筐

⿰犭票⿰犭欶

姚安麗江大理永昌四處所屬俱有此種男束首跣足衣麻布披氊衫短衣短褌以毳為帶腰常繫短刀善用弩發無虛矢

蒲人婦
青布裹頭身穿花布短衣布桶裙鑲青邊跣足
喜食莜稗往往背負米袋入市貿易

蒲人

又名蒲蠻澂江鎮沅普洱楚雄永昌順寧景東等七處所屬有此種

男子青布裹頭身穿青藍布短衣褲披毛氈腰繫短刀烏音跣足

戎昌婦
包頭長衣無褌脛繫褶跣足績線織葛為業

峨昌

大理永昌二府所属有此種男子蓄髪纏頭穿青藍布短衣褲披布被单覓禽蟲生噉之

苦葱婦
束髮頭纏藍布身穿青布短衣桶裙背負篾籠入山取藥貿易

苦葱

臨安元江普洱所屬有此種面貌醜陋男子束髮結髻身穿麻布短衣褌跣足執刀弩獵禽獸食

麽些婦

髮結高髻戴黑漆帽耳墜大環短衣長裙覆以羊皮裹腿穿鞋

麼些

鶴慶麗江二處性情淳樸語帶鳥音男子剃髮
戴氊帽穿大領布衣披羊皮裹腿穿鞋有讀書者

西番婦

頭髮細辮上綰瑪瑙珅璖耳帯銅環衣麻披氊腰圍過膝桶裙跣足雖属番夷亦知尊親近上

西番

永北麗江所屬有此種居深山集衆而處男子長身跣足以藤纏左肘辮髮戴黑皮帽身穿短衣褌披長氈掛短刀伐竹為生不通漢語

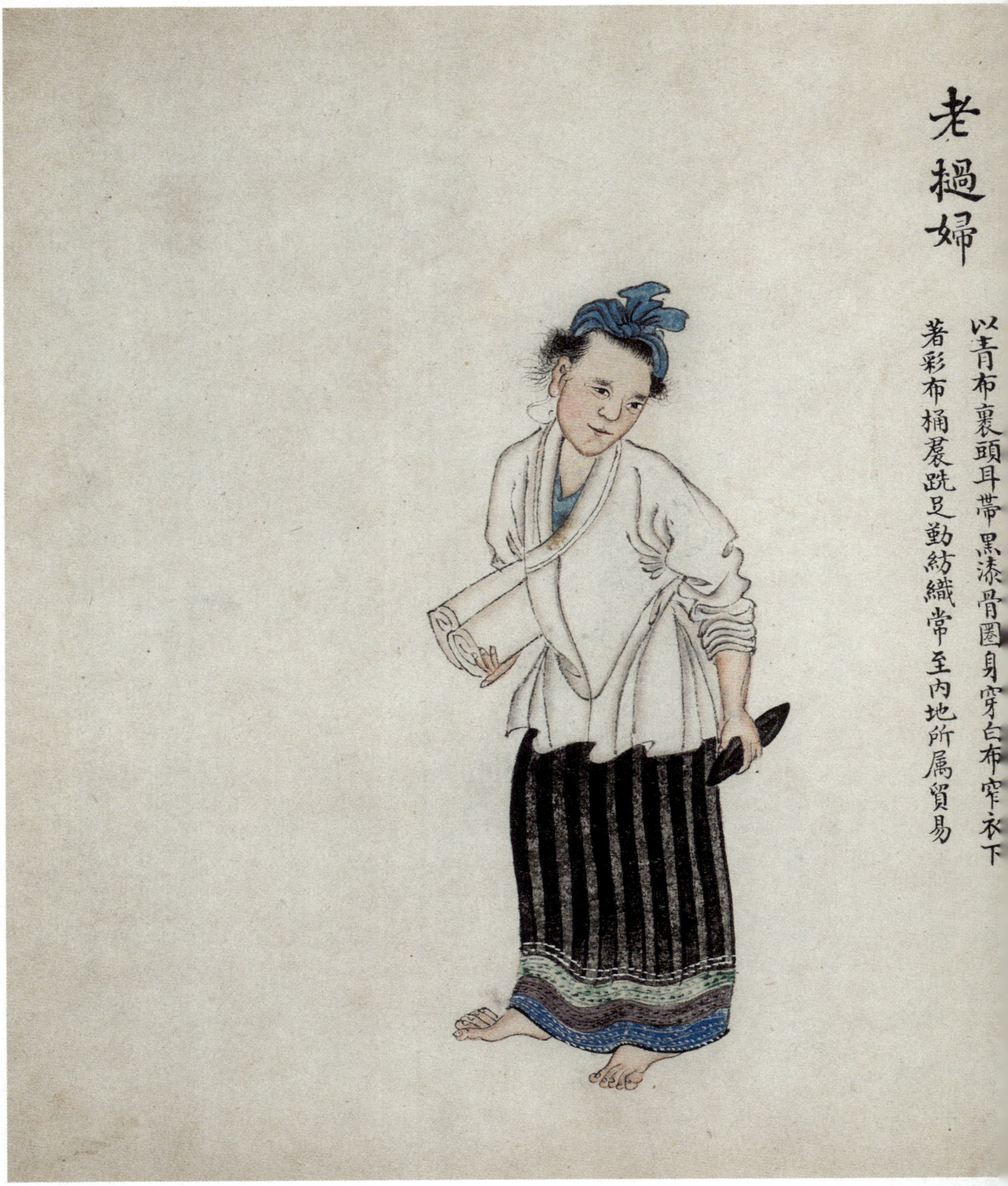
老撾婦
以青布裹頭耳帶黑漆骨圈身穿白布窄衣下著彩布桶裙跣足勤紡織常至内地所屬貿易

老檛

普洱府邊界南掌地方有此種頭戴黑漆帽穿青衣無褲用布壹匹圍繞下身跣足食生肉知耕種

猘獭妇

猁㺜

居交趾内地其性兇頑充為交兵男善鎗女善弩凡交地守關隘防廠地盡屬此種

縹人婦

縹人

在永昌府西南徼外男子束髮跣足身穿青藍布短衣褌披氊片勤力耕作

猓猔婦
辮髮以珊瑚銀泡為飾耳墜銀環身穿雜布
衣裙臘瓦被單足著烏拉皮靴食酥油乳茶

狜猔

鶴慶麗江景東三處所屬有此種春夏則種青稞為業秋冬則趕牛馬為生男子頭戴紅纓黃皮帽耳墜銀環身穿花氆氌挂銅鈴腰繫短刀盛袋足著烏拉皮靴通漢語習知禮法

緬目婦
束髮穿耳身著藍布短衣花錦圍腰長裙跣足性喜奇花異草

緬目

即緬甸頭目在永昌域外夷人稱曰莽紀斷髮文身漆齒穿耳蟒衣跣足頭戴紅緞一幅

西番苗

短裠苗

夭猴苗

黔省苗圖

《黔省苗图》提要

裴艾琳
（复旦大学文史研究院）

《黔省苗图》一册，不题著作人，现藏京都大学文学研究科图书馆。

本书为经折式册页装，封面旧裱缠枝牡丹纹织锦，高33.5厘米，宽28厘米。封面于“黔省苗图”下题“一”，表明原书应不止一册。

本书共收录黔省苗图40幅，依次是狆犷苗、杨保苗、九股苗、青苗、黑苗、白猓猡、猺人、狆家苗、马镫龙家苗、土人、紫姜苗、谷蔺苗、猓猡、蔡家苗、狇狫狑狪猺獞、六额子、木狫、稂苗、八番、补笼苗、僰人、夭苗、白苗、宋家苗、犵兜、峒人、罗汉苗、红苗、平伐苗、花苗、西苗、龙家苗、锅圈犵狫、水犵狫、蛮人、剪发犵狫、披袍犵狫、打牙犵狫、克孟牯羊苗、犵狫，其中男子形象22幅，女子形象18幅，均为单独人物形象特写，绘制于高29厘米、宽23厘米的浅米色皮纸上，画面右侧或右上方有小楷墨书题识。画心分二十开装裱，保存状况较好，仅部分画幅呈曾被撕裂的痕迹。

从绘画形制上看，《黔省苗图》与《皇清职贡图》较为接近，皆为单人全身像，人物形象、道具大体相似，应系承袭后者而来。不过，《皇清职贡图》于每种皆绘男女二图，《黔省苗图》每一种苗图则仅择一人（或男或女）以代表，顺序也有所不同。

在题识方面，《黔省苗图》比《皇清职贡图》简略很多。例如第2种杨保苗，《皇清职贡图》记：“杨保苗，系播州杨氏之裔。在遵义者，元时为播州安抚司，明初授为宣慰司，寻改遵义府治，本隶四川，本朝雍正五年始改隶黔省。在龙泉者，元时属思州安抚司，明永乐间分置龙泉坪长官司，后改为县，仍设土县丞等官，本朝康熙初改土归流。其人衣尚青，以青布蒙首，妇绾髻向前，衣短衣，系细摺长裙，缘以锦绣，与民杂处，婚姻葬祭颇同汉人。惟性怯而狡，官追摄多不肯即出，田赋亦与民一体输纳。”《黔省苗图》作“杨保苗在遵义、龙泉等处，与汉民杂处，婚姻葬祭颇同汉人，缘事官差拘提，多不肯即出”，应系简写《皇清职贡图》的题识而成。

与《百苗图校释》所收诸种苗图相比，《黔省苗图》有一些值得注意的特殊之处，例如第1种犵狐苗分布有“黄平”一处、第2种杨保苗“与汉民杂处”一句、第5种黑苗中对女性服饰的描述等，都为诸本所无。见于他本而《黔省苗图》所无者也有很多，如第40种犵狫就没有诸本所记“身面经年不洗，其臭秽不堪，与犬豕共处”等语。至于互有差异、可以互相订正者就更多了。

保利香港2018年秋季拍卖会推出的中国书画专场中，有一本《西南苗人册》（设色纸本）参拍（未成交），该册页题签“清道光纸本设色西南各苗人物册，岁在乙酉秋日，蔡国声观”。该册现存图画30幅，拍卖图录可见20幅。就图画而言，京都大学藏《黔省苗图》更显细致，在设色、人物面容五官与细节等方面的描绘中更胜一筹，两者不会出自同一画手，但除装裱顺序及个别图画外，这本《西南苗人册》的构图、题识皆与京都大学藏《黔省苗图》非常相似，应该属于同一系统。

总之，京都大学所藏《黔省苗图》虽非完本，但对于研究苗图的制作及流传，亦有其特殊的价值。

笛

楊保苗在遵義龍泉等處與漢民雜處婚姻葬祭頗同漢人緣事官差拘提多不肯即出

狆獱苗在都匀施秉黄平石阡龍泉餘慶黎平龍里等處計口而耕度身而織暇則以漁獵為事

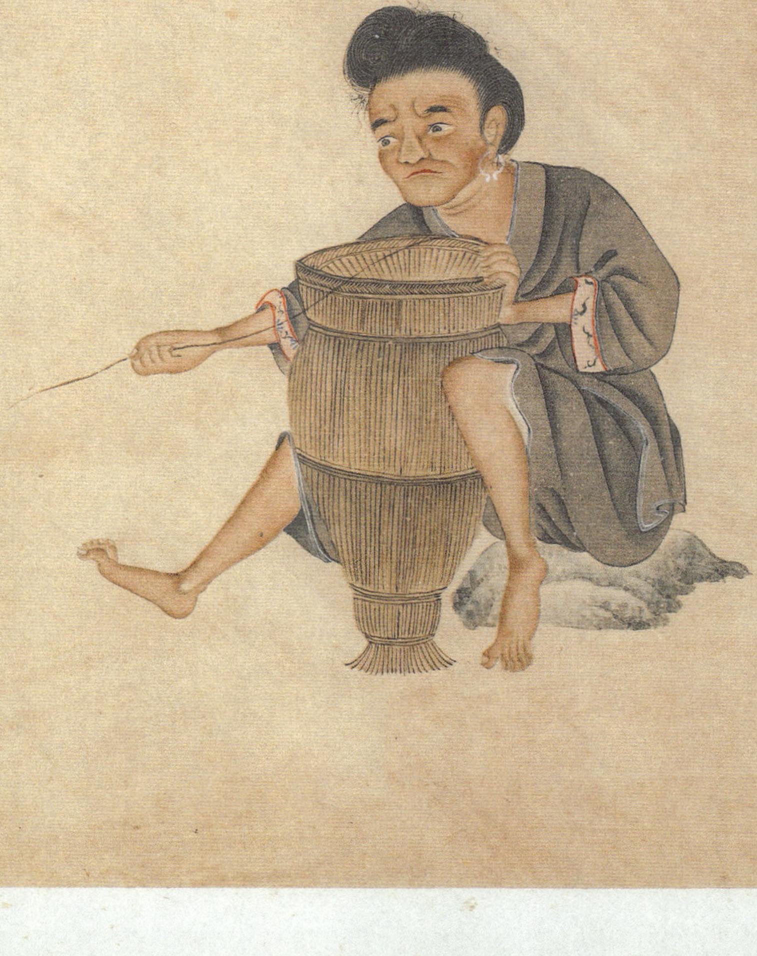

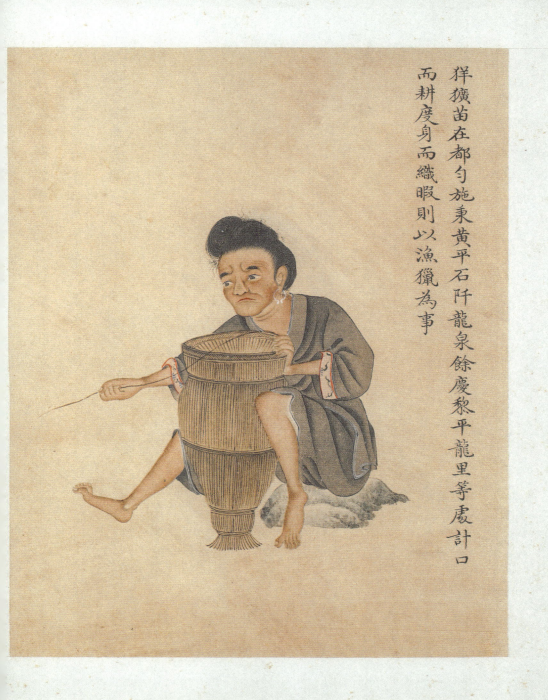

青苗在修文鎮寧黔西等處衣裙俱尚
青女戴青布制如九華巾衣盖腰裙掩
膝每歲孟春男女聚歌相悦即通媒妁

九股苗在凱里等處性剽悍頭頂鐵盔身披鐵甲以鐵片纒腿左執木牌右執標桿口啣利刃捷走如飛

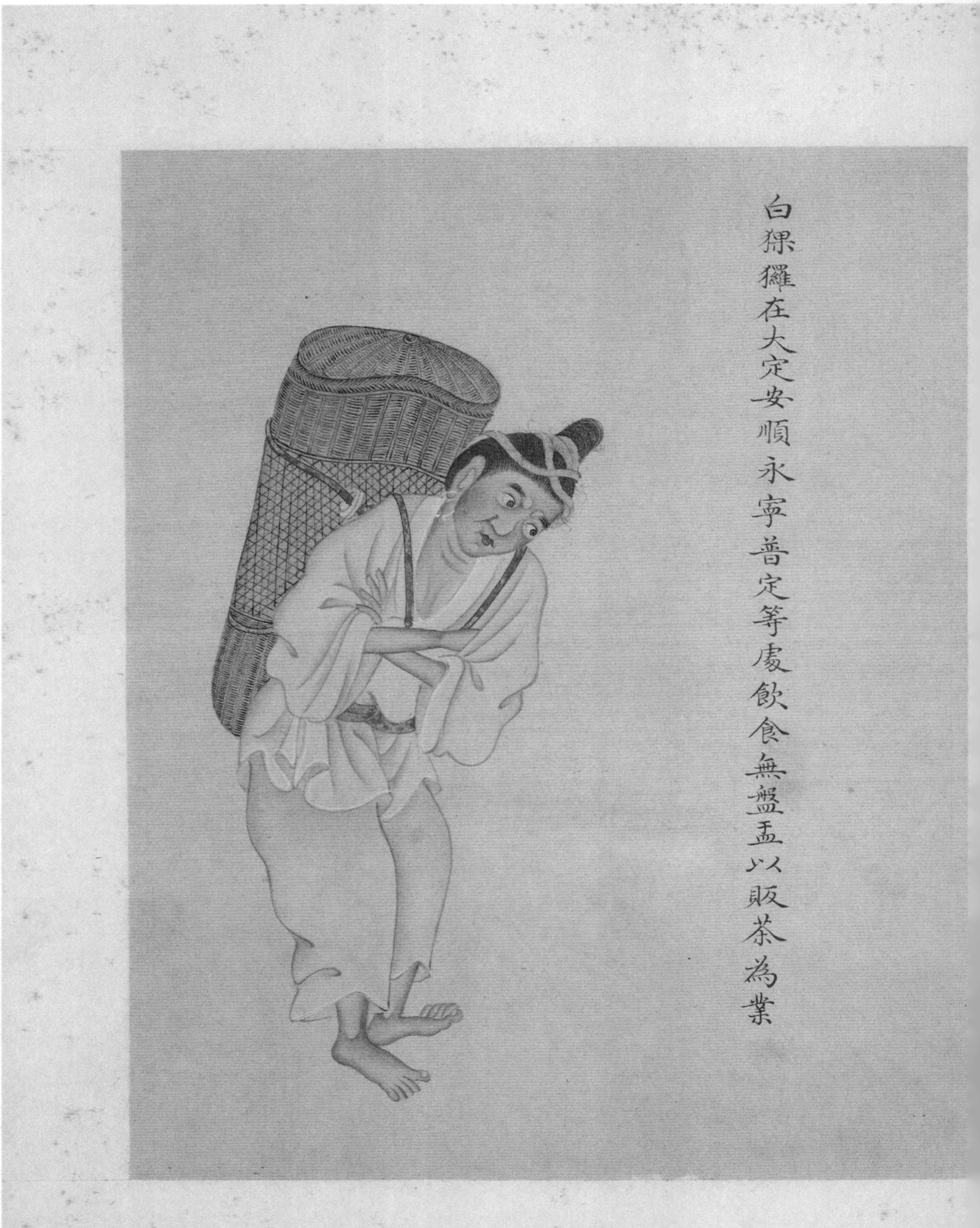
白㹢玀在大定安順永寧普定等處飲食無盤盂以販茶為業

黑苗在八寨丹江清江古州等處衣尚黑婦人綰長簪耳垂大環銀項圈男女跣足陟嶮巖捷如猿猱寒無重衣夜無卧具

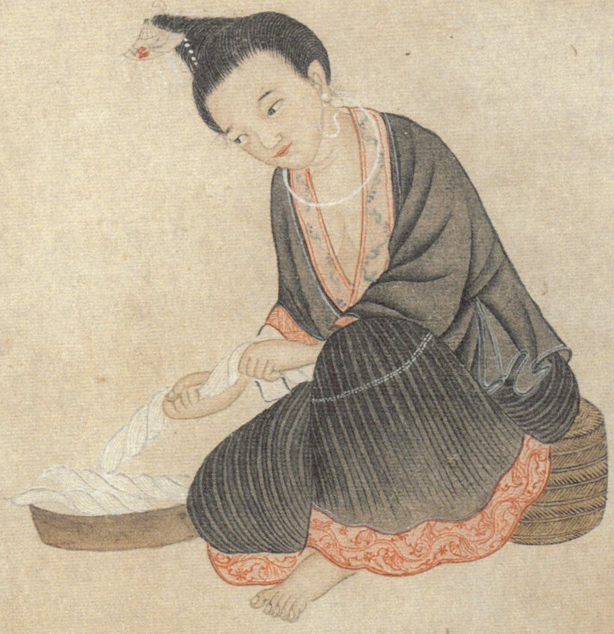

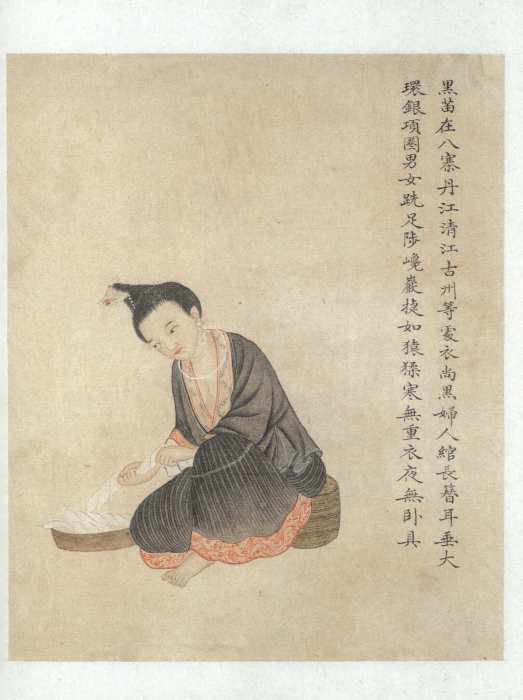

狆家苗在貴陽平越都匀安順南籠等處男子青布纏頭女子衣短裙長每歲孟春以五色布編為小毬男女跳舞視所歡者擲之

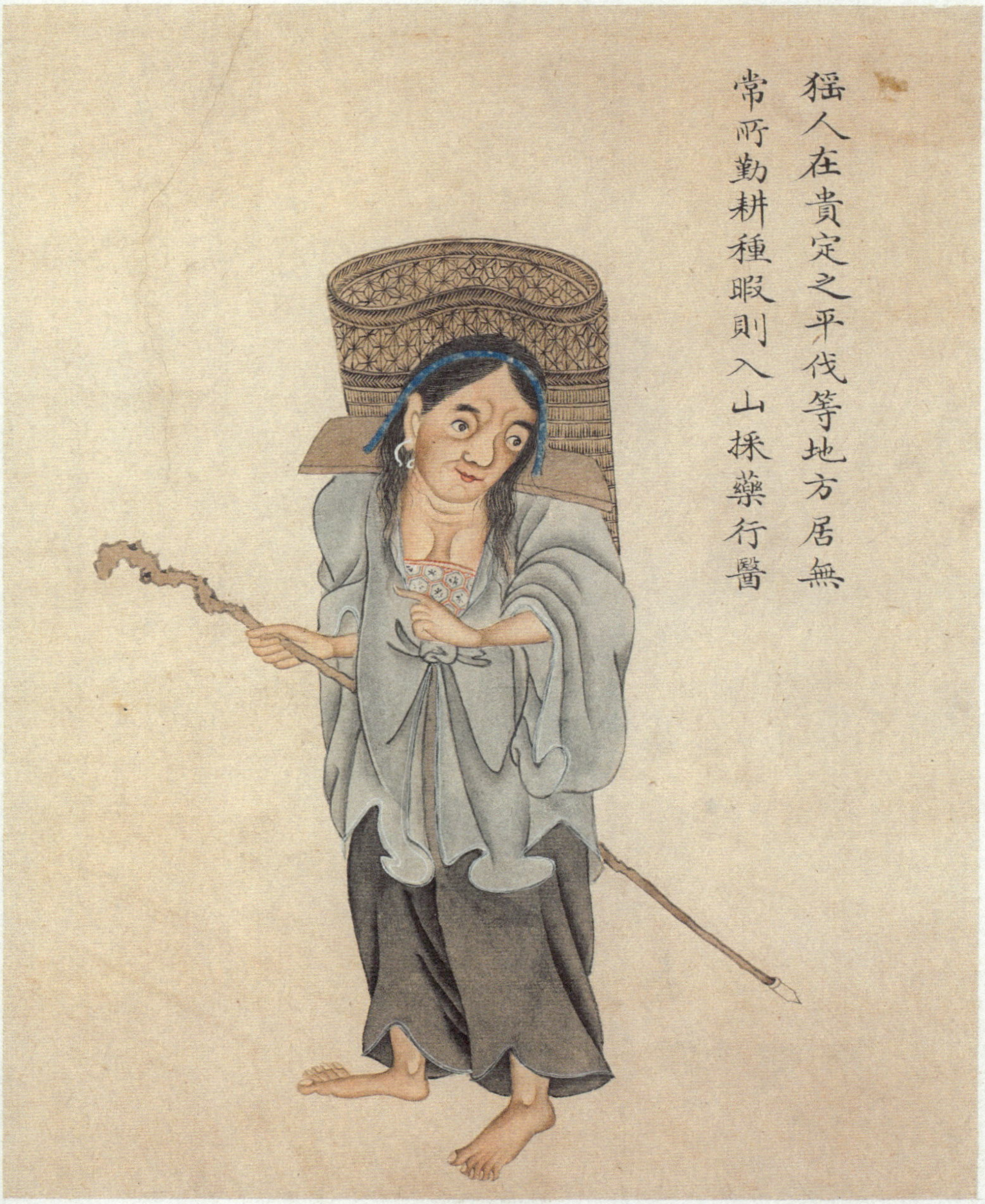
猺人在貴定之平伐等地方居無
常所勤耕種暇則入山採藥行醫

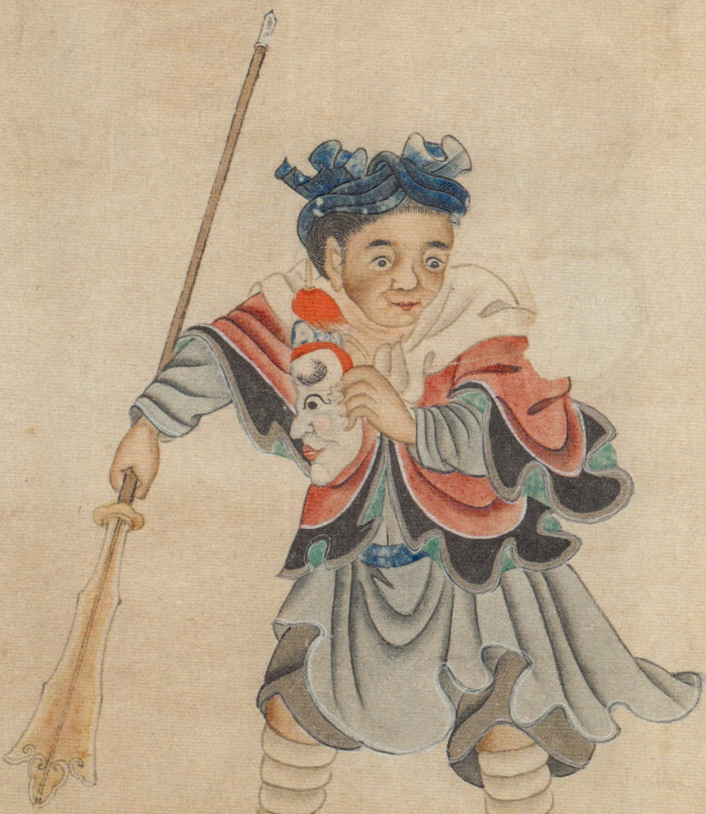

土人在貴筑貴定廣順等處歲首迎山魈以為儺戲服裝飾吹笙擊鼓以唱神歌徧歷遠近村屯每至一處男女聚觀餉以酒食

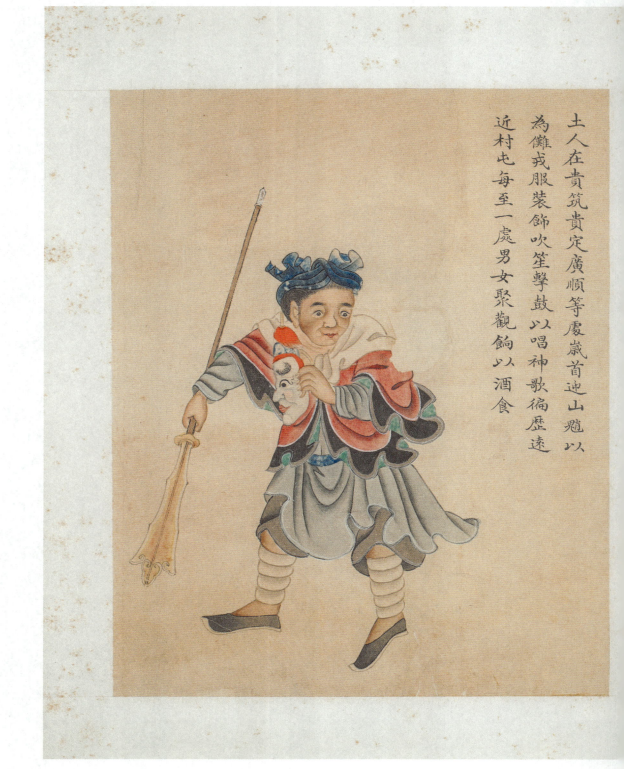

馬鐙龍家苗在普定永寧等處衣尚
白勤耕作婦人緇布作冠若馬鐙然

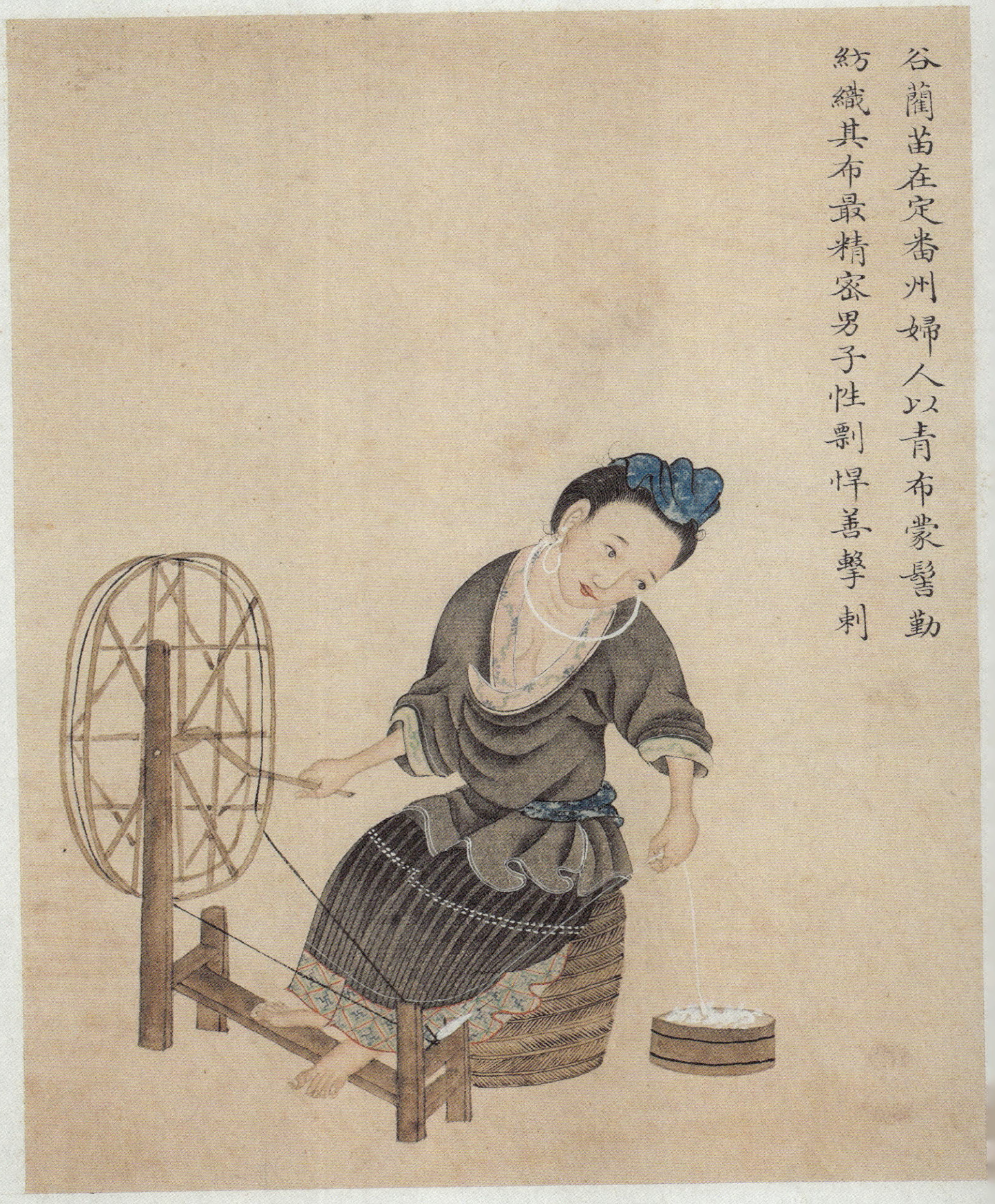
谷蘭苗在定番州婦人以青布蒙髻勤
紡織其布最精密男子性剽悍善擊刺

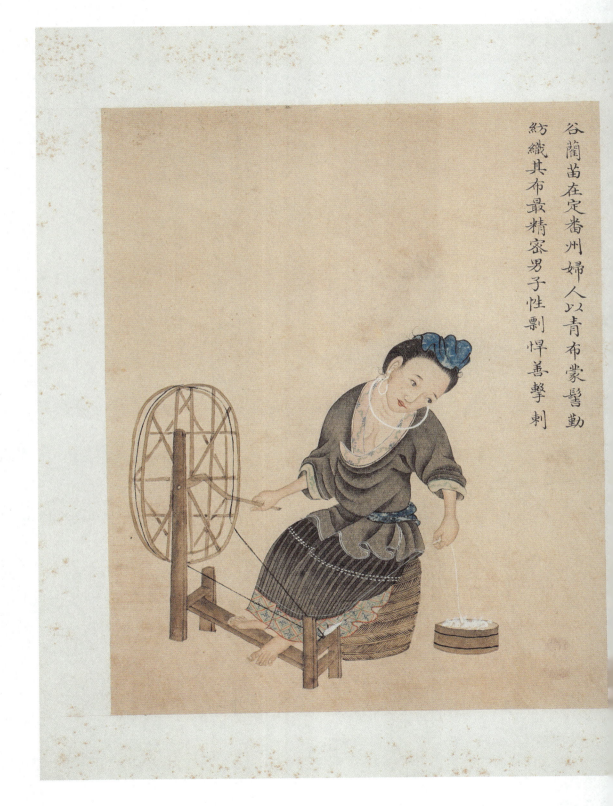

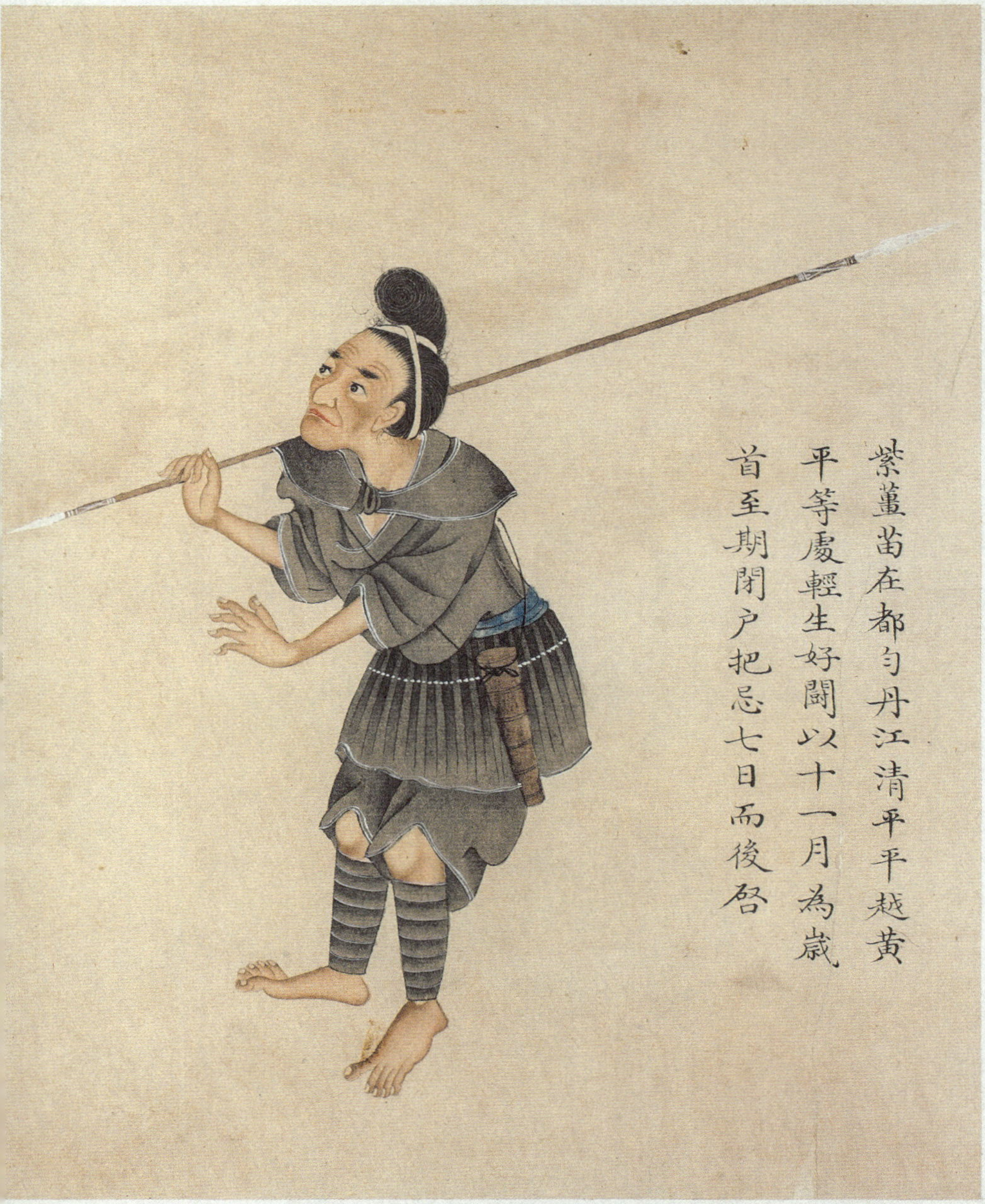
紫薑苗在都匀丹江清平平越黄
平等處輕生好鬭以十一月為歲
首至期閉户把忌七日而後啓

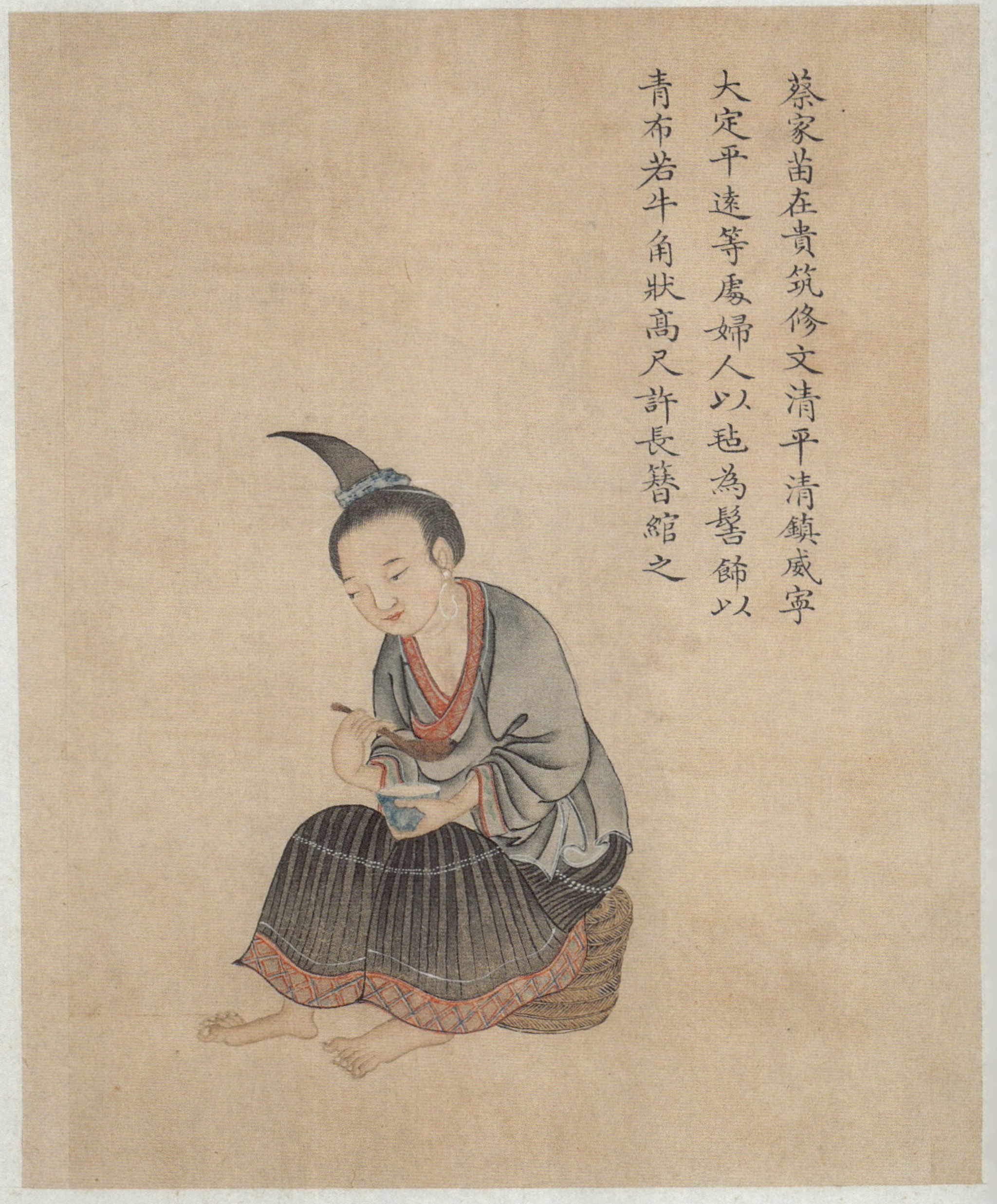
蔡家苗在貴筑修文清平清鎮威寧
大定平遠等處婦人以毡為髻飾以
青布若牛角狀高尺許長簪綰之

猓玀在威寧等處女人辮髮用青布
纏首多帶銀梅花貼額拖長裙三十
餘幅正妻曰耐德嗣子如幼不能主
事耐德即為女官

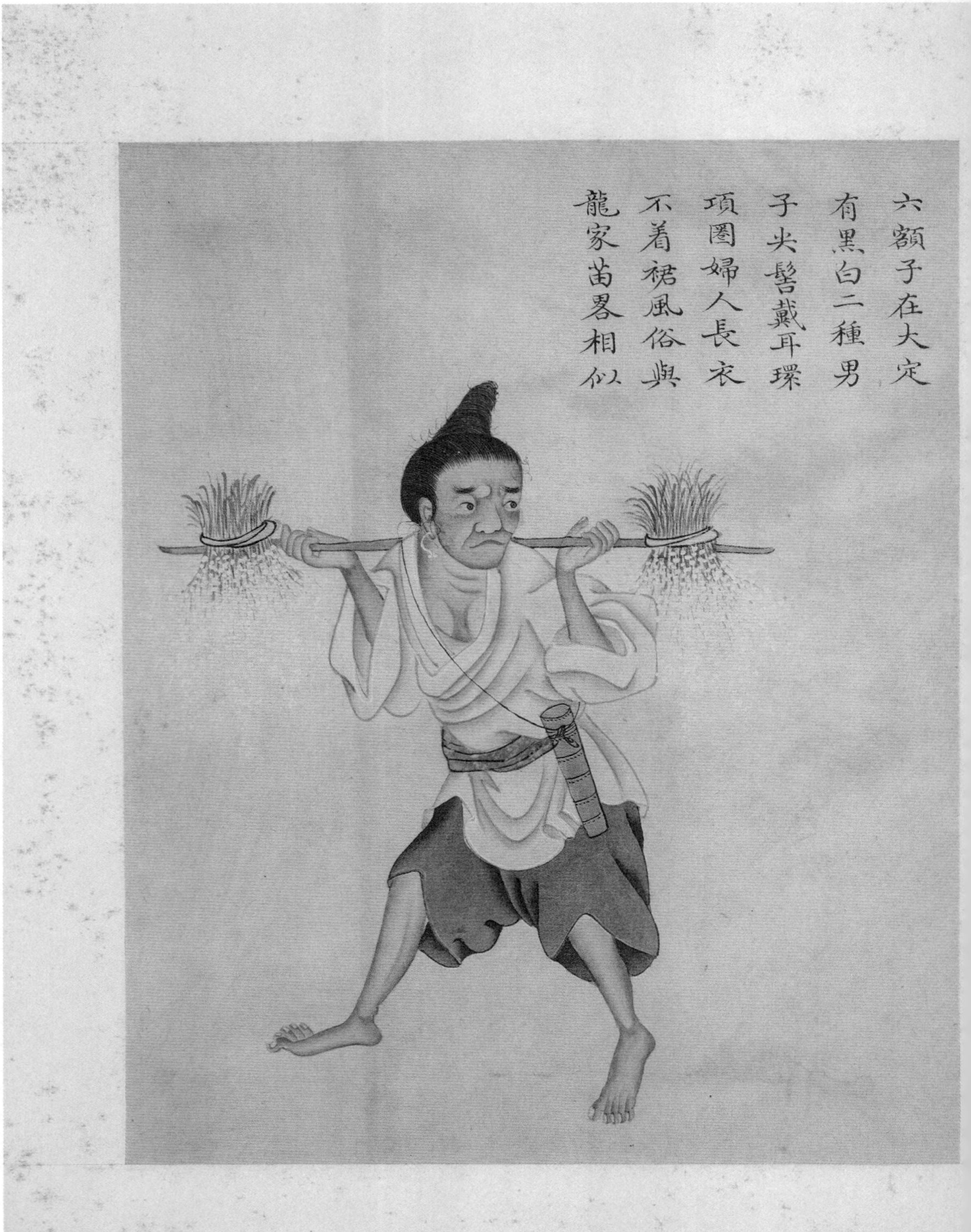
六額子在大定
有黑白二種男
子尖髻戴耳環
項圈婦人長衣
不着裙風俗與
龍家苗畧相似

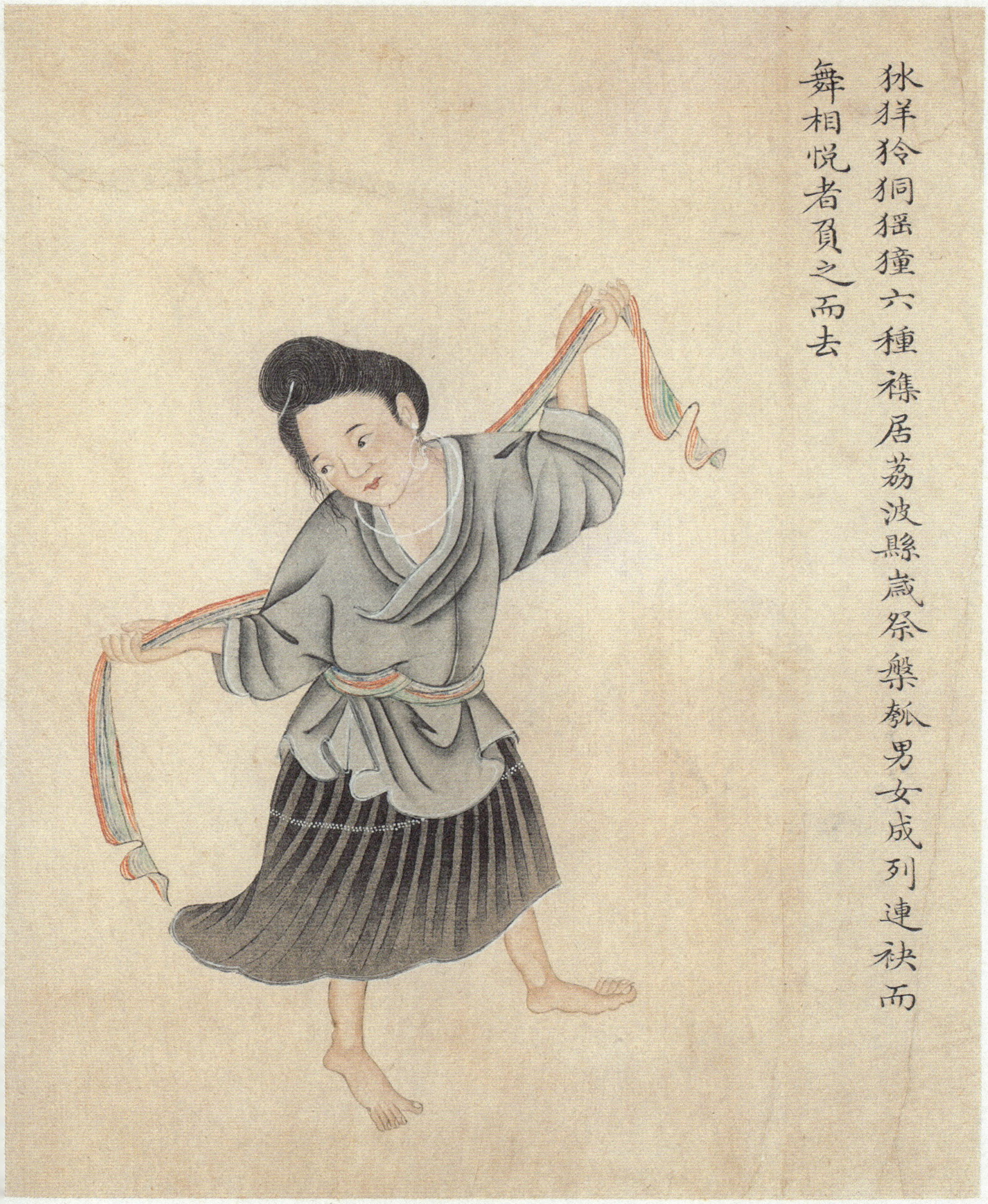
⿰犭水徉狑狪猺獞六種襍居荔波縣歲祭槃瓠男女成列連袂而
舞相悅者負之而去

穠苗在永豐州羅斛冊亨等處衣服薙髮俱效漢人婦人短衣長裙首蒙青花布性悍嗜殺自改土歸流漸遵禮法

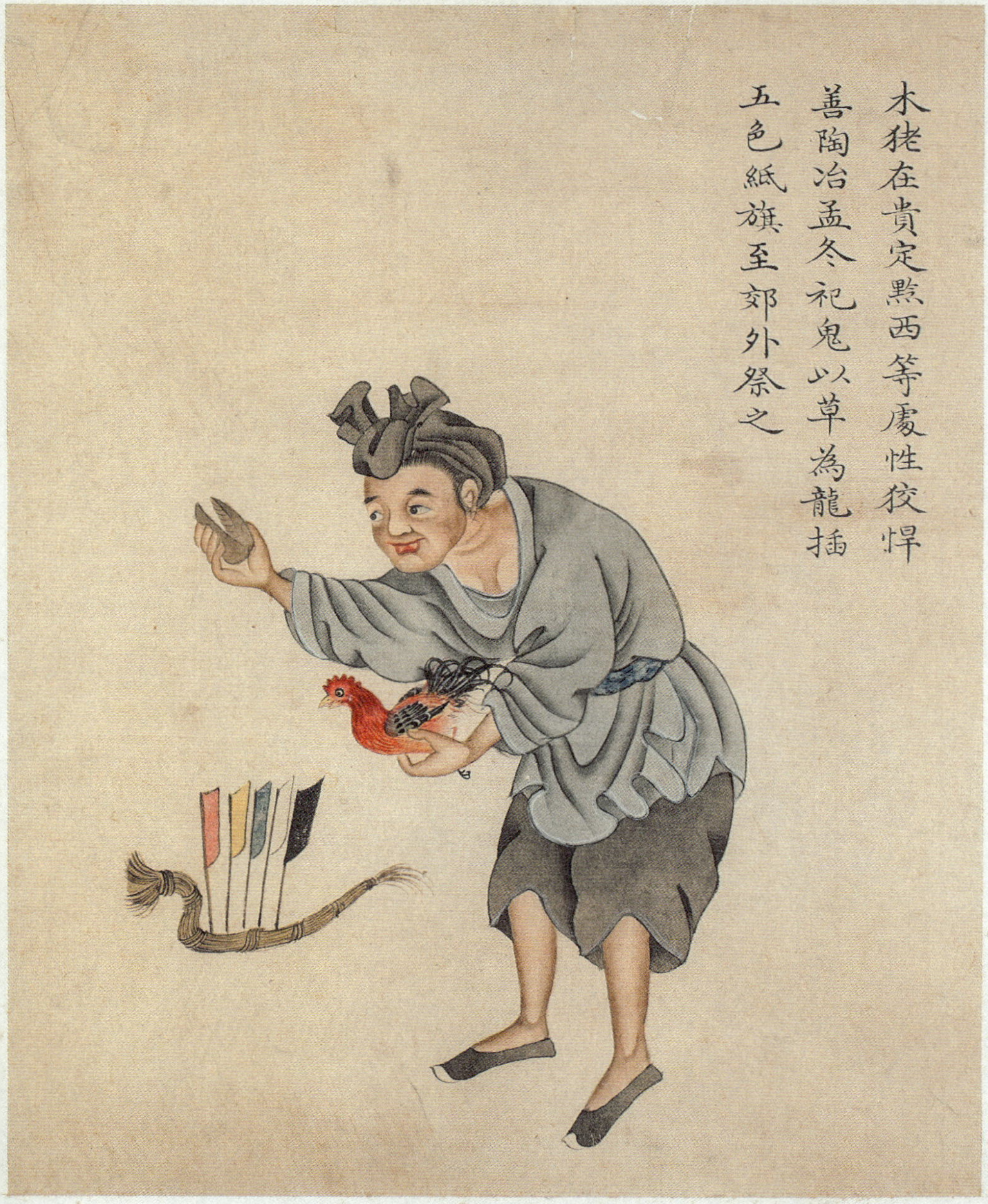
木狫在貴定黔西等處性狡悍
善陶冶孟冬祀鬼以草為龍插
五色紙旗至郊外祭之

補籠苗在貴陽平越都匀安順南籠各屬衣尚青拖腰以綵布
一幅以十二月為歲首男女歡聚擊銅鼓吹蘆笙歌唱以為樂

八番在定番州其俗女勞男逸
婦人直頂作髻日出而耕暮歸
而織刳木作臼每臨炊始取稲
入臼手舂之燕會擊長腰鼓為
樂以十月望日為歲首

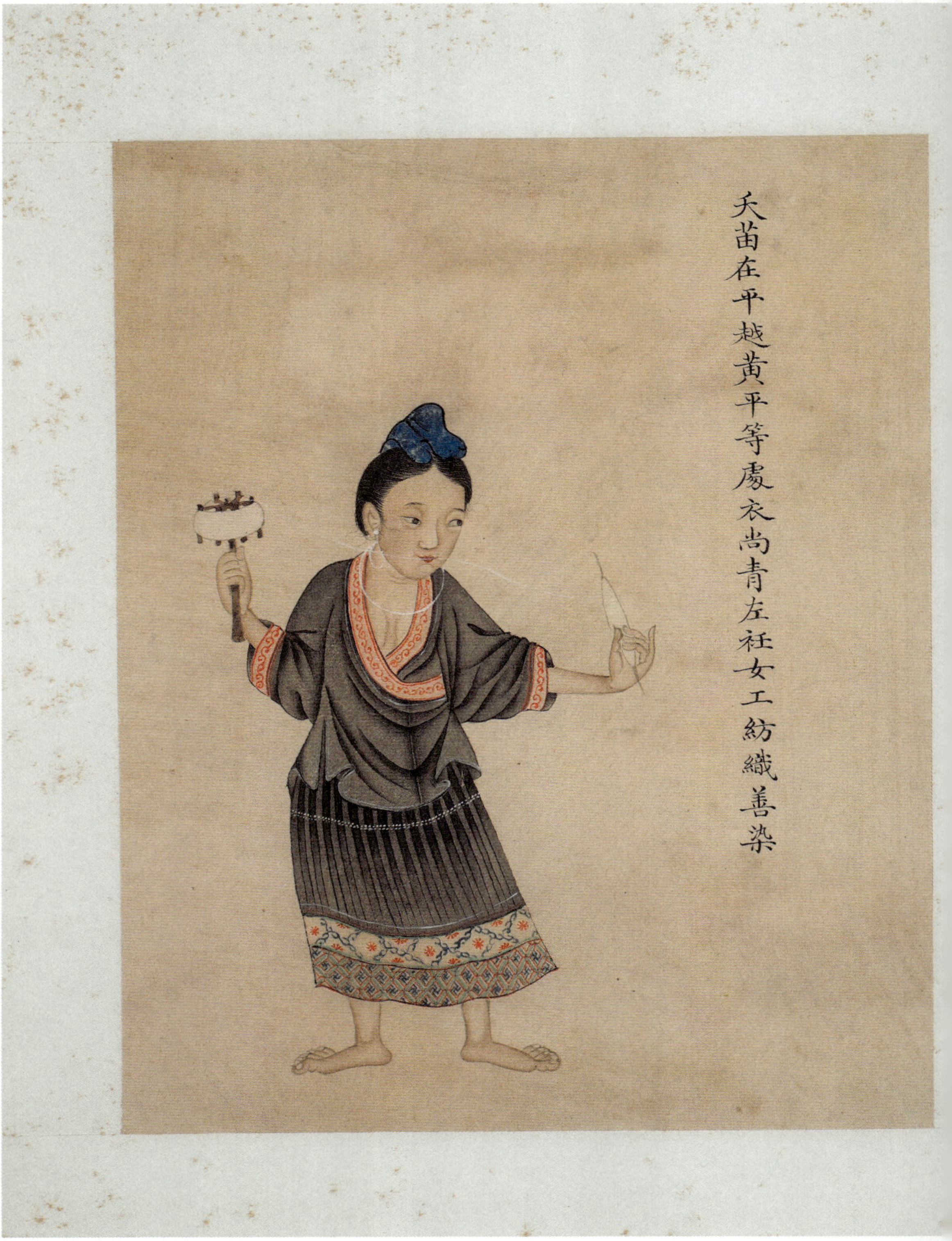
夭苗在平越黄平等處衣尚青左衽女工紡織善染

僰人在普安州男女皆披毡衣不沐
浴六月二十四日祭天過歳性淳好
佛常持素珠誦梵咒凡猓玀狆家犵
狫言語不諳者以僰人通傳

宋家苗在貴陽府
屬頗通漢語文字
男子帽而長襟勤
耕織知禮畏法

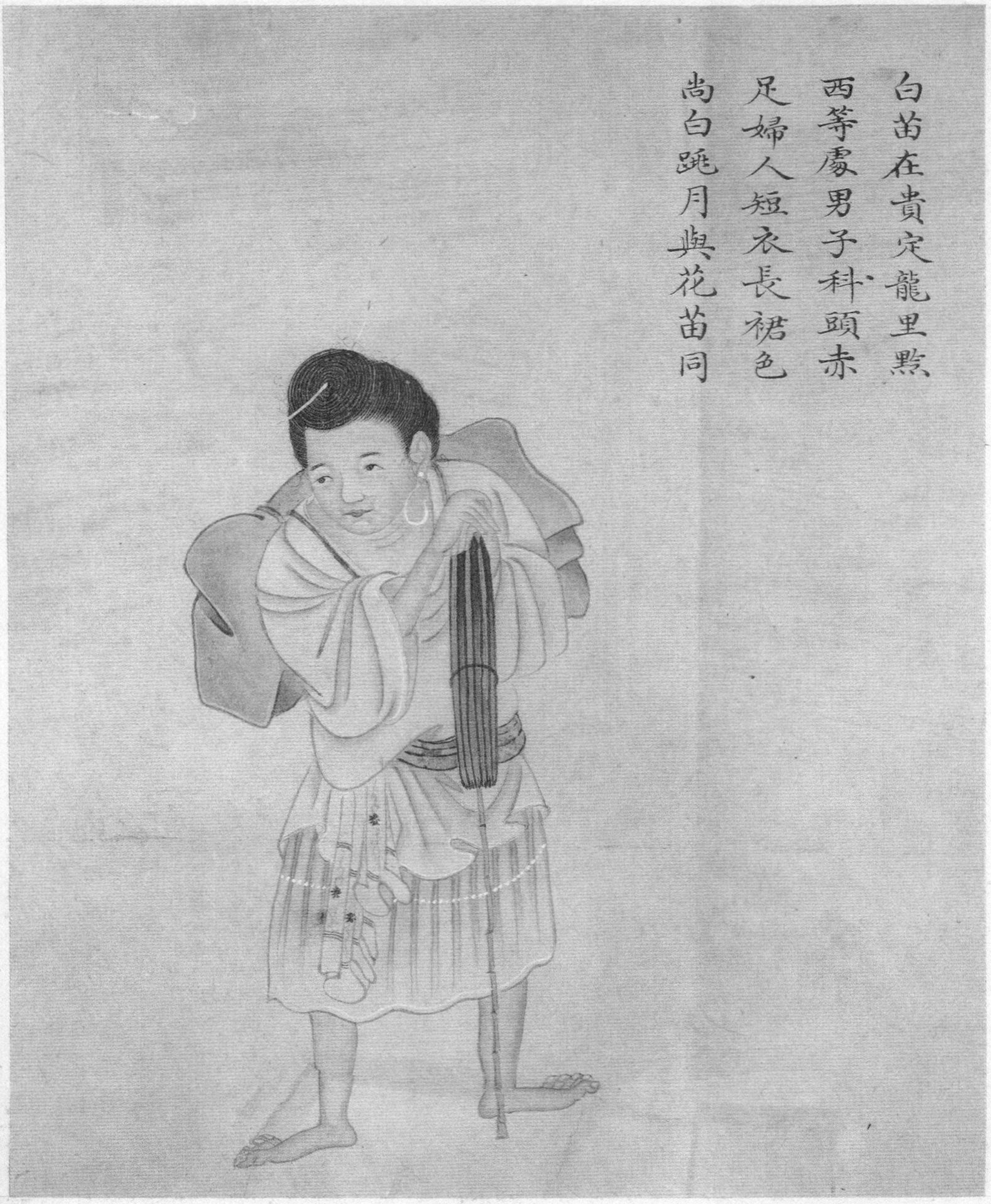
白苗在貴定龍里黔
西等處男子科頭赤
足婦人短衣長裙色
尚白跳月與花苗同

峒人皆在下游冬採茅花為絮以禦寒飲食避鹽醬夫婦出入必偶性多忌喜殺

犵兜在鎮遠施秉黄平等處男子衣類土人女子短衣偏髻繡五色於胷袖背負海巴蠶繭纍纍如貫珠多嗜酒四時佩刀弩入山逐鹿羅雀

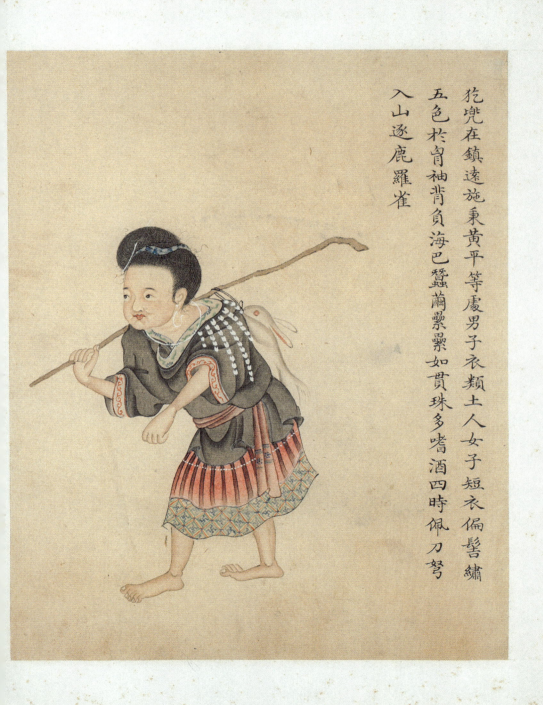

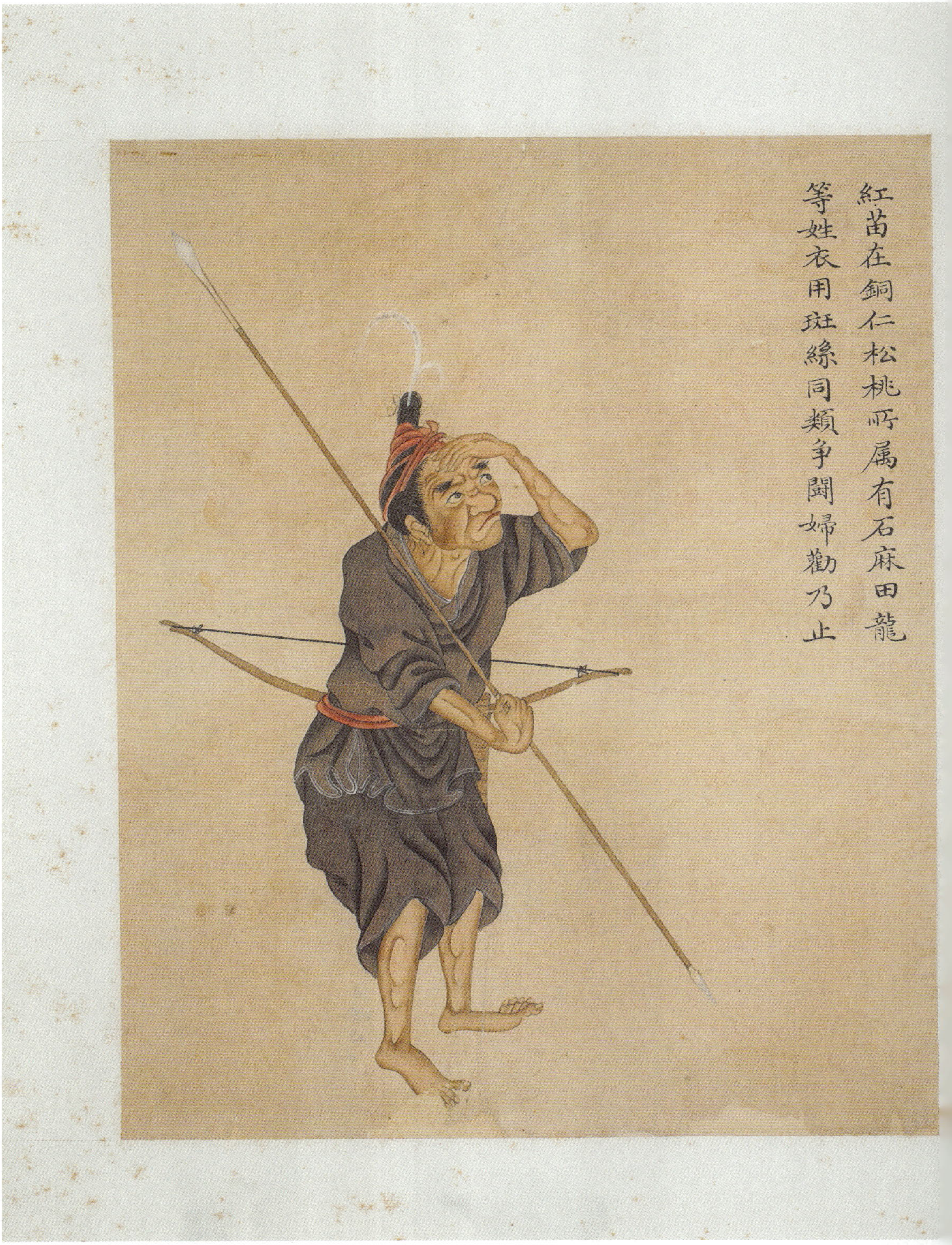
紅苗在銅仁松桃所屬有石麻田龍
等姓衣用斑絲同類爭鬭婦勸乃止

羅漢苗在黎平府屬婦人髮髻散綰額前插木梳養蠶織錦未室者插羽於首

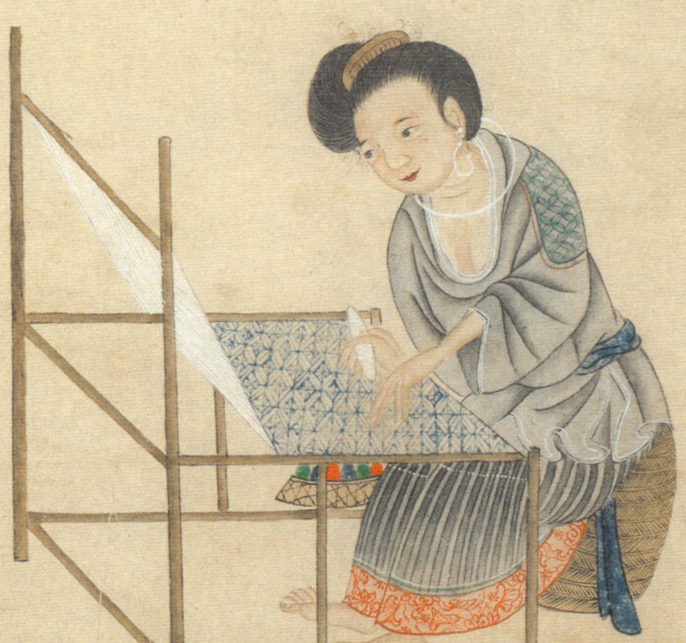

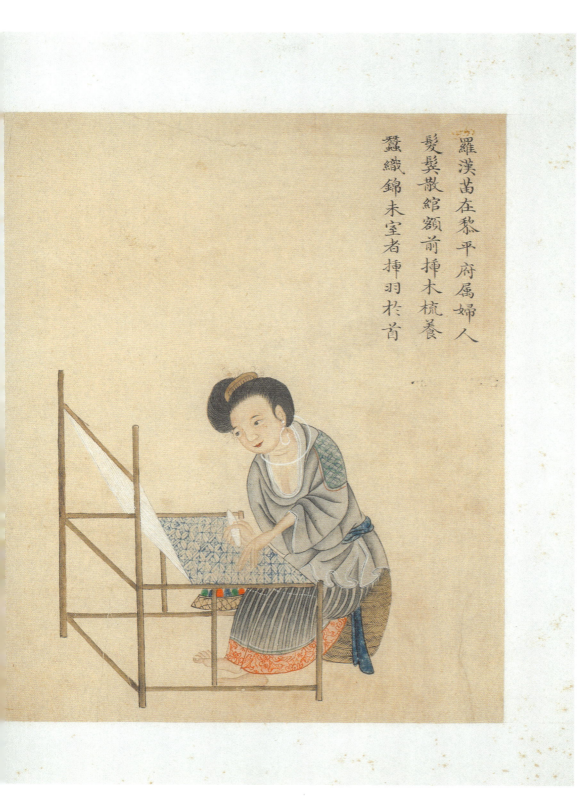

花苗在貴陽大定遵義等處衣無衿竅其領自首貫於身以蠟繪花於布而染之孟春跳月男女歌舞盤旋情投挈而共處生子乃歸夫家

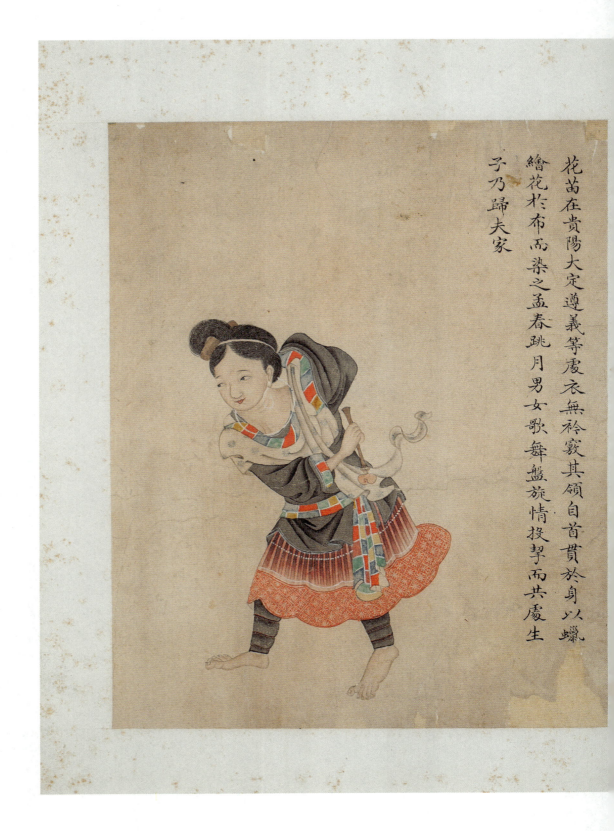

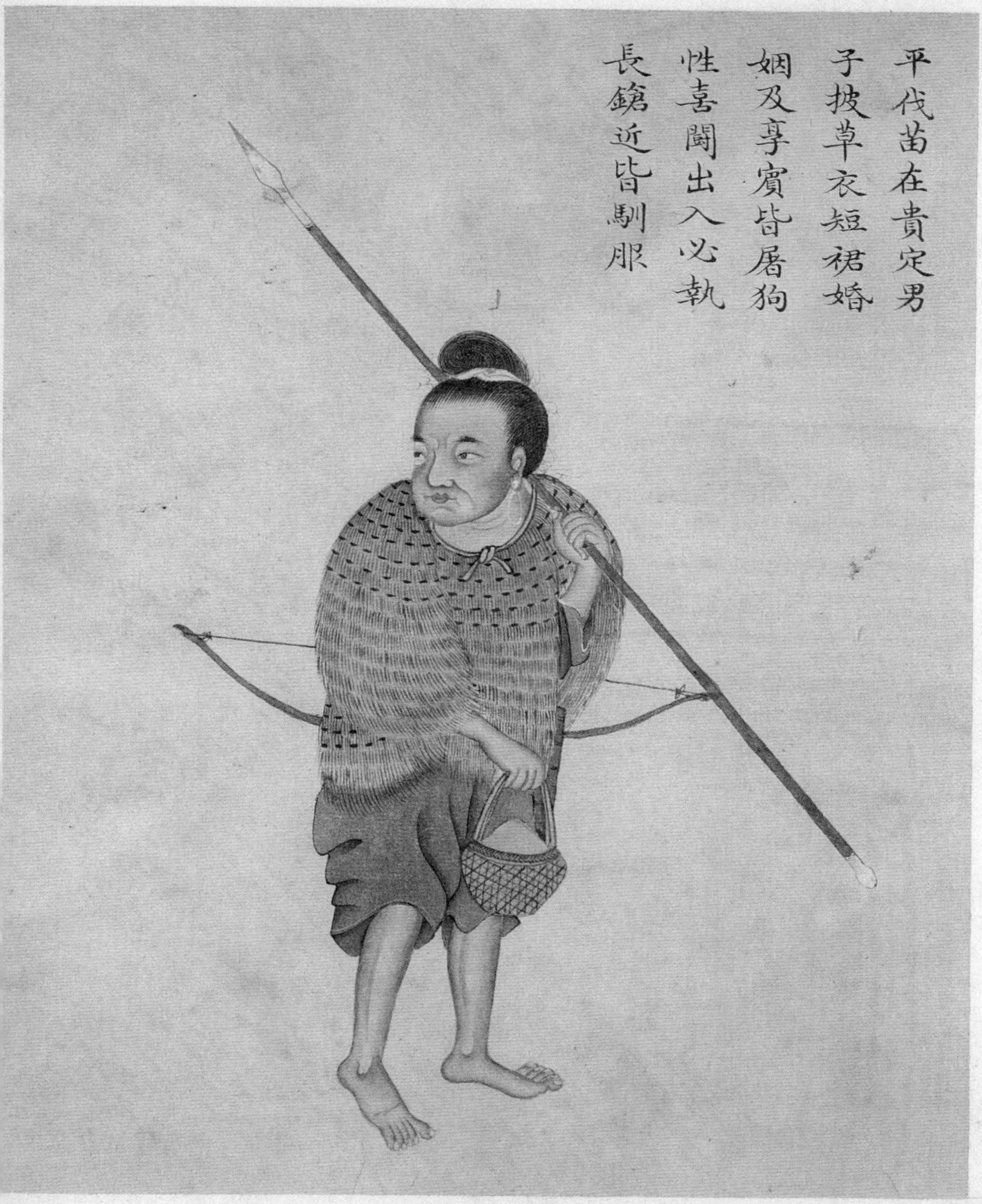
平伐苗在貴定男
子披草衣短裙婚
姻及享賓皆屠狗
性喜鬬出入必執
長鎗近皆馴服

龍家苗在廣順大定平遠等處男子束
髮不冠女子螺髻上揷若狗耳狀春日
立竿野外男女遶舞擇配既奔親黨贖
以牛馬始通媒妁

西苗在平越清平等處男以青布纏頭白布裹腿婦人挽髮盤頭籠以木梳十月収穫後延善歌祝者着大毡衣頂大毡帽導於前男女相隨吹笙舞蹈殺牛以賽豐年

水犵狫在餘慶鎮遠施秉等處善捕魚雖
隆冬亦能入淵男子衣服與漢人同婦人
服細摺裙猶沿苗俗性淳謹勤耕作

鍋圈犵狫在平遠州男以葛為衣女以青布束髮若鍋圈狀病則延鬼師以虎頭一具用五色絨裝飾置簸箕内禱之

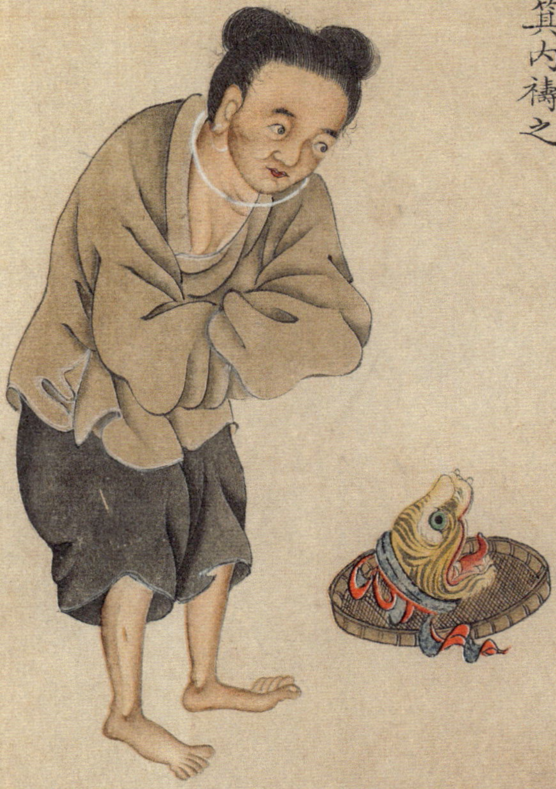

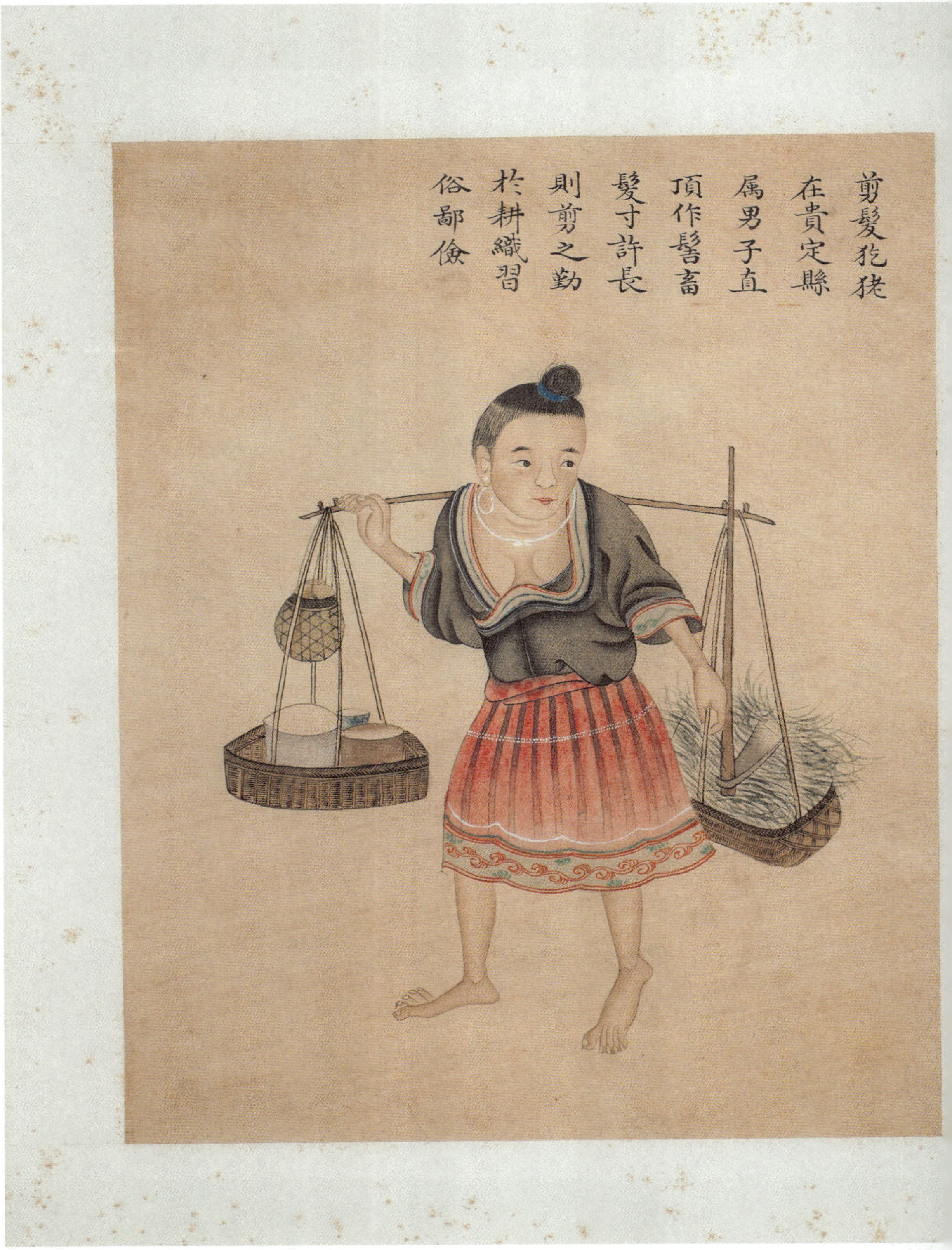
剪髮犵狫
在貴定縣
屬男子直
頂作髻畜
髮寸許長
則剪之勤
於耕織習
俗鄙儉

蠻人在貴定都匀等處男子衣草蓑婦人着花短裙以十月朔為大節殺牛祭鬼惰耕作喜漁獵出入必佩刀弩

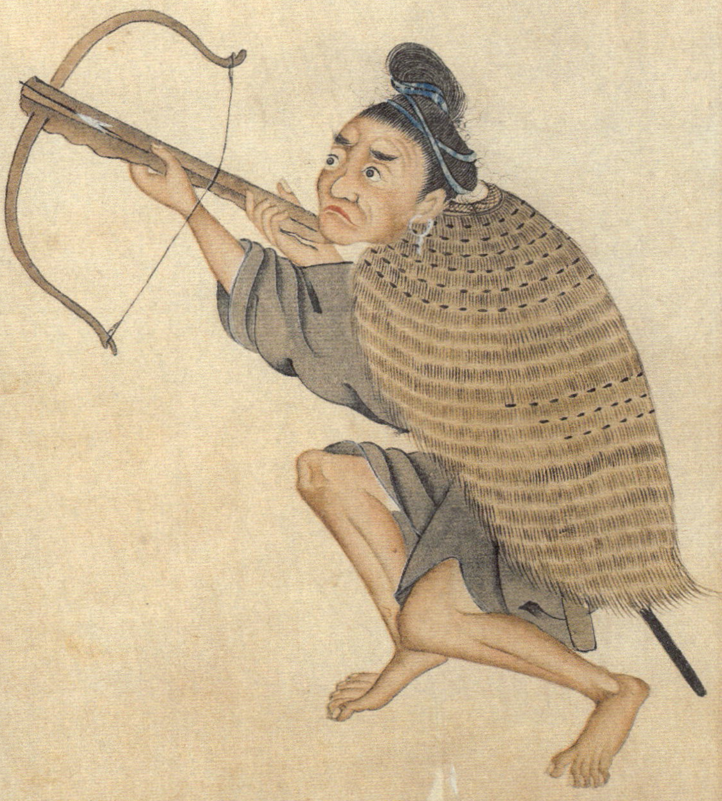

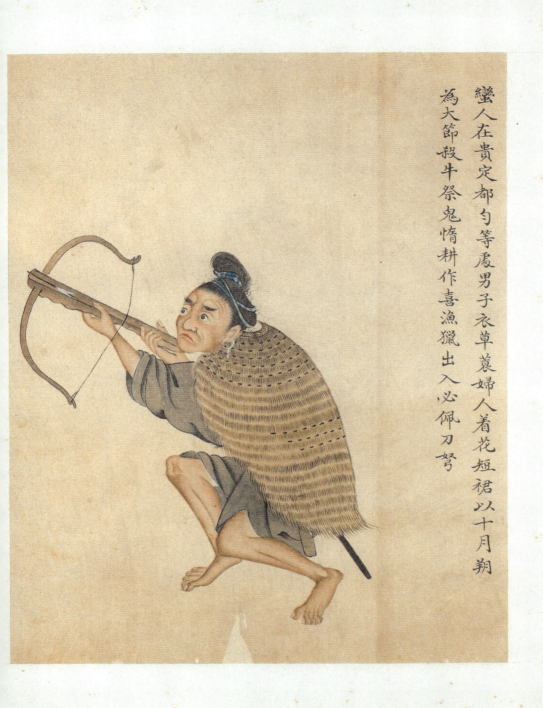

打牙犵狫在平越黔西等處
獷悍輕生女將嫁則折其二
齒恐妨夫家習俗鄙陋

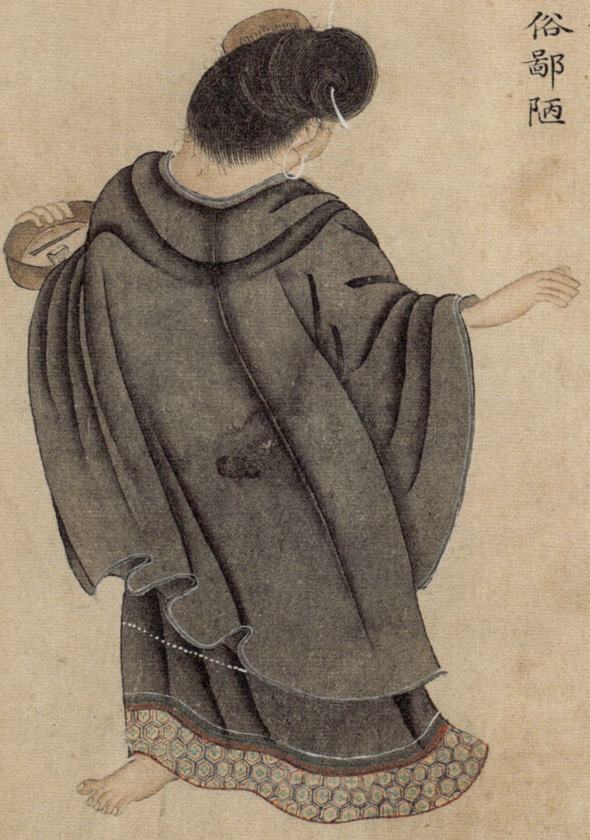

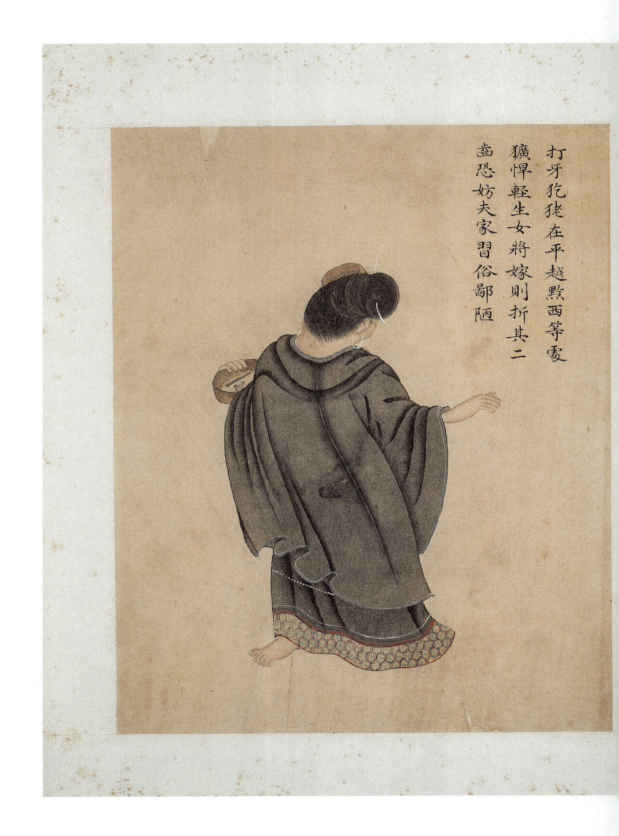

披袍犵狫在平遠州屬女人以青絲紮髮披青布袋衣長僅尺
餘上披以袍袍方而濶洞其中從頭籠下裙以五色羊毛織成
性情淳謹力耕作多鑄犁口營生

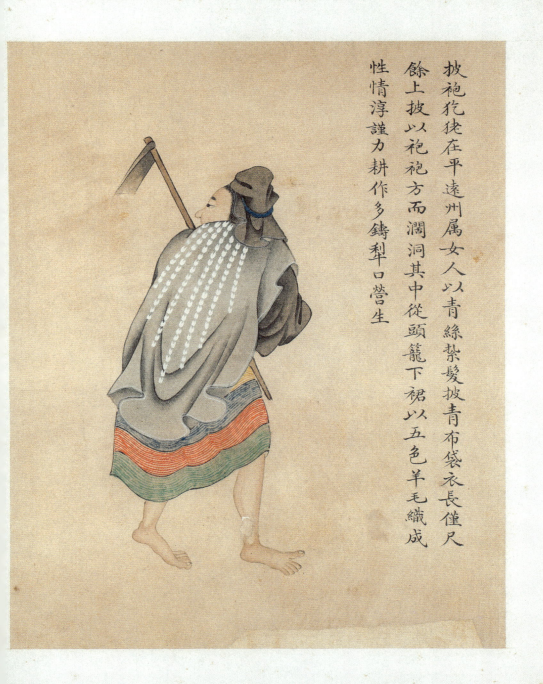

犵狫所在多有屋宇去地數尺架以巨木上覆杉葉如羊柵謂之羊樓其人悍而善奔輕命重義得片肉卮酒即捐軀與之

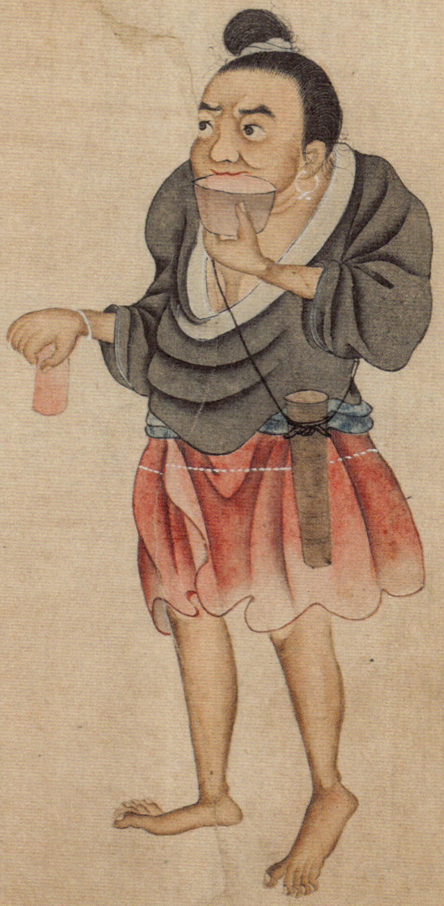

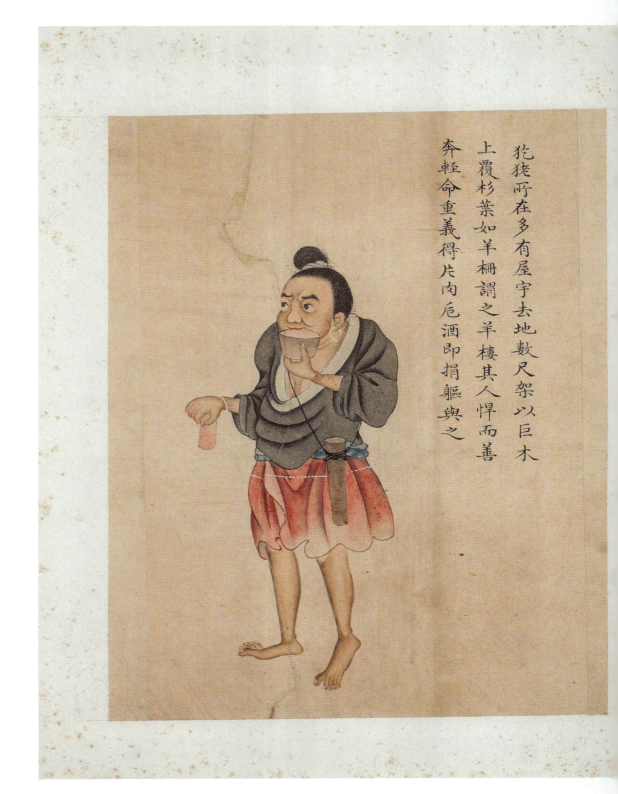

克孟牯羊苗在廣順州屬擇懸崖鑿竅而居搆竹梯上下耕以
錢鎛發土男女躧笙而偶生子免乳而歸其聘財

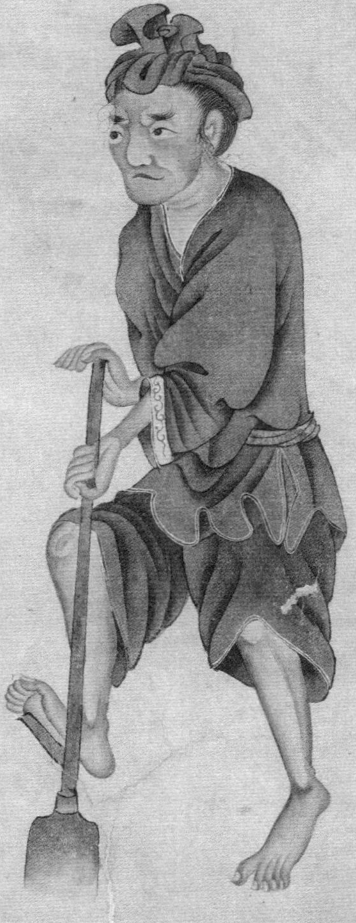

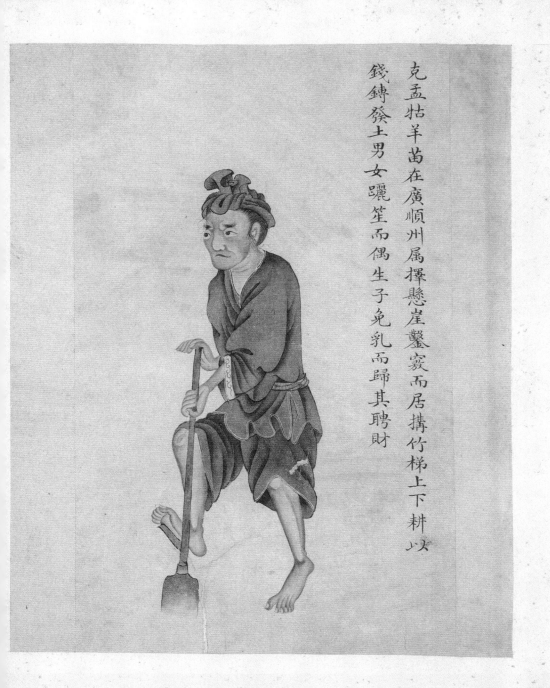

苗图

《苗图》提要

蒋欧悦
（香港城市大学中文及历史学系）

《苗图》一册，不题著作人，现藏京都大学文学研究科。

本册为蝴蝶装，封面由蓝色有纹布面装帧，封底亦然，画册高35厘米，宽25厘米。封面左上贴有题签，但空白无字。封底内侧，用毛笔墨书“苗页四”三字，可能为成套图册中的一册。此册装入文学研究科的蓝色书帙，书帙上题签写“苗图”两字，内页钤“京都帝国大学图书之印”朱文印。

本册共92页（其中前 6 页、后4页，共10页皆为空白），图绘41幅，依次是罗汉苗、猓猡、白猓罗、宋家、蔡家、卡笼狆家、补笼狆家、青狆家、鲁竹龙家、狗耳龙家、马镫龙家、大头龙家、花苗、红苗、白苗、青苗、黑苗、东苗、西苗、夭苗、�νοfabric苗、打牙犵狫、剪头犵狫、猪屎犵狫、红犵狫、花犵狫、水犵狫、锅圈犵狫、披袍犵狫、犾狫、犵獞、僰人、土人、蛮人、峝人、猺人、杨保、徉獱、九股苗、八番苗、紫姜苗。与《百苗图校释》中其他版本相比，此本族名文字中出现一些其他本没有的异写，如卡尤狆家写成“卡笼狆家”，曾竹龙家写成了“鲁竹龙家”。

图绘右上角贴有红色浮签，墨书“一”“叁”“肆”“伍”等编号（从“叁”至“拾”为大写数字，其他皆为一般数字。第2张图绘缺浮签）。画心高28.8厘米，宽20.3厘米，图绘使用水彩，画面对开题写文字说明，由多人分担挥毫，钤有印鉴，图绘及文字皆作于无纹白纸上，用浅蓝色无纹纸装裱。画册有虫蛀痕，但画心基本未受损，保存状况良好。

从画面构图上看，《苗图》与贵州省博物馆所藏《黔苗图说》相近，但《苗图》画面更显精致。一方面，画面上人物增加，人物的刻画细致，另一方面，画面背景复杂且着力渲染。如“狗耳笼家”一幅，两本均描绘跳月的场景，《黔苗图说》绘三男一女，围绕着竹竿，身披彩带，翩翩起舞；而《苗图》在四个中心人物的基础上，还增加了画面左下角的两个女性。人物衣纹纤细有力，腰带、花带、裙摆等处均绘上纹饰。人物表情、动作生动，画面中心的女性双手展开，低头看向左边的男性，男性则抬头，看向女性，稍远的二人则看向他们，动作似乎也经过画师设计。另外，《苗图》将场景设计在山水之间，画面右上角有一精心皴染的巨石，前面的空地临水，并被水切割成小径，延伸向远方，与《黔苗图说》简单的山前空地相比，不论是背景皴染还是场景设计，都更为精心。

从题字来看，本册书法较有特色。画面对开为文字说明，字体不一，“东苗”“�苗”等幅接近行草书，“峝人”“羊猹”等幅则更显规整。书法呈现多种面貌，可能并非一人执笔。本册书法流畅自如，与其他版本相比，艺术性较高。

题字内容与《百苗图校释》所载诸本相比，有一些值得注意之处。如“黑苗”一幅，“炊熟必成团，而爱冷食”一句中，“而爱冷食”为其他各本所无。[1]又如“夭苗”一幅，“情柔顺，不喜斗”一句中，“不喜斗”其他本皆无。[2]也有其他本都有而此本没有的，如“西苗”一幅“娶妇，夫必异寝，妇则旁通，孕后乃同室”一句，其他本为“孕育后乃同室”“孕，产，乃同室”或“育后方归”等，此本则未提生产一事。[3]还有大量互有差异者，在此不一一举例。

《苗图》文字部分钤盖大量印鉴，具有较高的研究价值。此本钤印有部分与法国汉学研究所（Institut des hautes études chinoise）博物馆所藏《苗种图说》同。据唐生周、鲁明新《百苗图各抄本所见印信研究》一文[4]，法国藏《苗种图说》为清末李端棻组织，沈守谟、沈业新、李赵尊三人执笔制作的，是李端棻任职贵州期间，赠送给贵州六冲关天主教神学院神父的礼物，再由神父带到法国。文中论证的李端棻、沈守谟、李赵尊三人的印鉴在《苗图》中均可找到，李端棻的“知白守黑”“秋水”“数点梅花天地心”等印，沈守谟的“沈守谟印”“启先”“守谟”等印，李赵尊的“赵尊”“李赵尊印”“湛庵”等印，两册文字、形状完全一致；而法国藏《苗种图说》中属于沈业新的印未出现在京都大学藏《苗图》中，如“沈业新印”“敬庵”“上丘益”等。还有部分京都大学藏《苗图》中有而法国藏《苗种图说》中无的，如“不受尘埃半点侵”“望风怀想”“对月举杯”等。

值得注意的是，从形制上看，法国藏《苗种图说》图绘竖构图，对开题字、钤印，从图册形式、绘画风格到书法面貌都与京都大学藏《苗图》十分相似。从内容上看，法国藏《苗种图说》图绘共32幅，京都大学藏《苗图》图绘共41幅，两册并无重复。并且，按照贵州省博物馆所藏《黔苗图说》顺序，法国藏《苗种图说》的大部分图绘排在京都大学藏《苗图》之后。从尺寸上来看，法国藏《苗种图说》高35厘米，宽25厘米，与京都大学藏《苗图》尺寸相同。从装帧上来看，两册封面均为蓝色有纹布，内幅为浅蓝色

1　李汉林：《百苗图校释》（贵阳：贵州民族出版社，2010 年），第 58—59 页。

2　李汉林：《百苗图校释》，第 79 页。

3　李汉林：《百苗图校释》，第 43—44 页。

4　唐生周、鲁明新：《百苗图各抄本所见印信研究》，《贵州民族大学学报（哲学社会科学版）》（贵阳，2016 年）第 4 期，第 1—26 页。

无纹纸装裱，内幅装裱的剪裁方式均为水平方向抵边，竖直方向接在水平方向之间。且法国藏《苗种图说》多幅图绘右上角留有红色题签的痕迹，与京都大学藏《苗图》红色题签相呼应。可以推测，京都大学藏《苗图》与法国汉学研究所博物馆藏《苗种图说》原为一套，后在流传过程中被拆散。

综上，京都大学藏《苗图》虽非完本，但对于研究苗图的制作及流传有着重要意义。

羅漢苗八寨丹江有之男子頭戴狐尾披髮於後最敬彌勒佛每歲上巳男女老少各携食物供之歌舞三日不食烟火亦寓食意也

猓玀本盧鹿而訛稱者多安姓在大定府屬種分黑白黑者爲大姓其人皆深目長身黑面鈎鼻薙髭而留鬚俗尚鬼故又名羅鬼蜀漢時有濟火者從武侯破孟獲有功封羅甸國王即安氏遠祖世長其土分四十八部部之長曰頭目其等有九最貴者更苴不名不拜賜鏤銀鳩杖凡大事悉取決焉次則慕魁勺魁以至黑乍皆有職守文字類蒙古男以青布籠髮而束於額若角狀短衣大袖紫藍裙其長死集所屬披甲馳馬以錦緞毡衣裹尸焚於野招魂而瘞戀主即酷虐之不敢貳繕造堅甲利刃鏢鎗勁弩畜良馬好射獵習擊刺故當時之兵爲諸蠻魁諺云水西羅鬼擊頭掉尾言相應之速也

白猓羅亦在大定及安順之郡與黑猓羅同而為下性茹毛飲血無論鼠雀蚳蟓蠕動之物攫而燔之熏髮盡以三足釜攢食凡藥人死以馬革裹而焚焉居普定者名阿和亦同此類

叁

宋家在貴陽安順二府本中國之裔春秋時放流而入於夷語言文字悉與漢同男子帽而長襟婦人笄而短襟婚姻男家遣人往迎女家率親戚箠楚姆訓綦嚴故旦即進盥於姑供婦職喪葬飯蔬飲水三七封而識之男耕女織近多讀書入泮者

肆

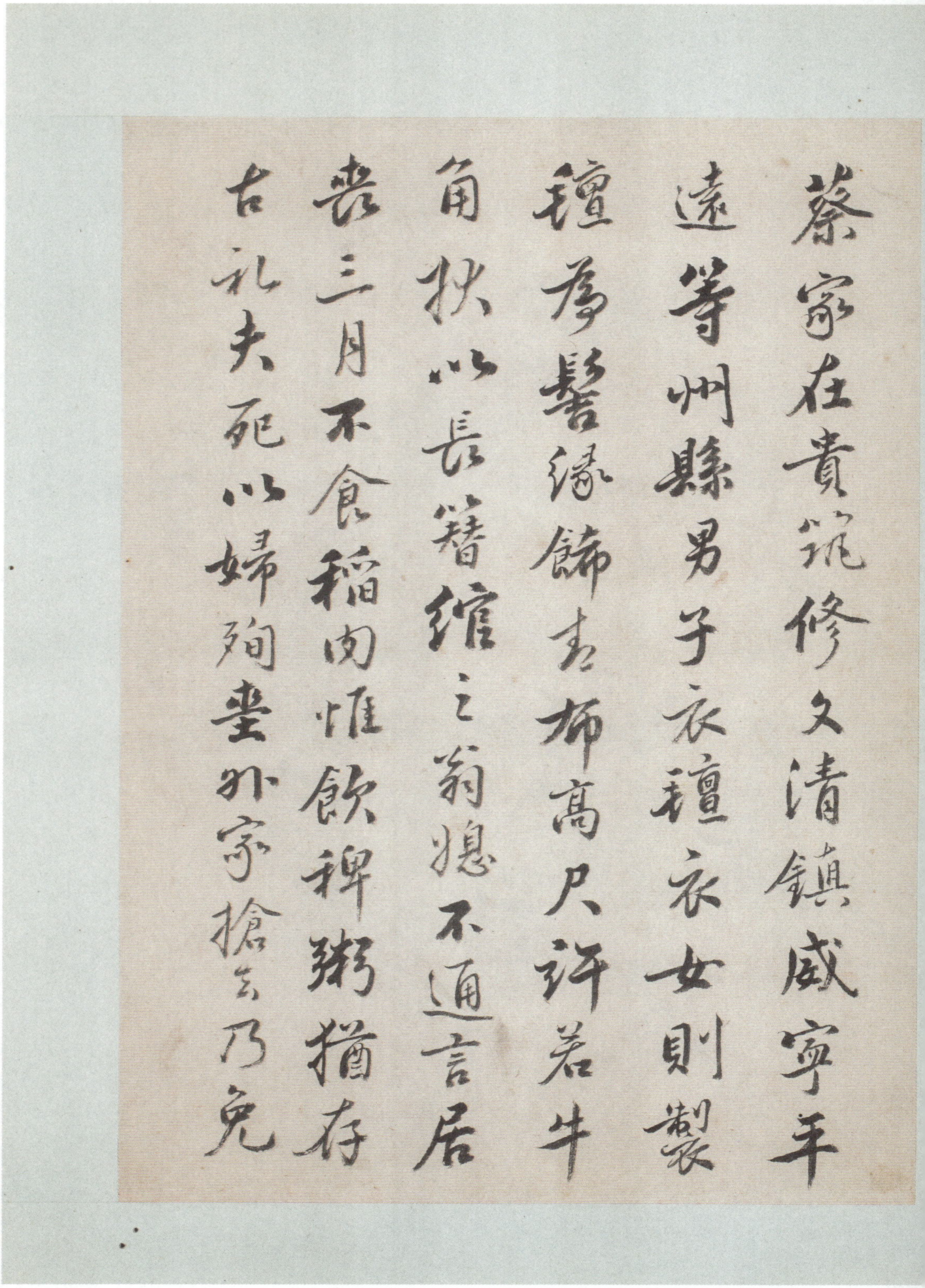
蔡家在貴筑修文清鎮威寧平
遠等州縣男子衣氈衣則製
氈爲髻綠飾插木梳高尺許若牛
角狀以長簪綰之翁媳不通言居
喪三月不食稻肉惟飲稗粥猶存
古禮夫死以婦殉葬外家搶去乃免

卡籠狆家在貴陽安順南籠平越都匀諸府衣尚青女以花帕蒙首衣短而下圍度身而裁之雖寒暑無增減裙長而細摺勾雲合角中以領色相間六月六日為大節每歲孟春未婚男女擇聚於野以綵巾結毬如瓜謂之花毬跳月歌舞男女情洽則抛毬互擲遂私焉或于婚喪會合時兩情歡悦剪衣換帶約而私之須抱子後方歸夫家近亦少變在閨婚者用媒妁聘以牛視姿色定多寡親死舊俗分食親肉今變用牛謂之替術貧者一頭富者數頭親戚族友携鷄來祭以白布蒙首號哭而奠之祭畢屠牛分肉羣飲食醉飽而散

補籠狆家貴陽之定番廣順二州及南籠安順二府皆有之以十二月朔為大節歲時擊銅鼓為懽若掘地得銅鼓即云武侯南征時所遺富者重價爭購喪則屠牛名戚以牛角灌酒孝子啖魚蝦不食肉故祭必用魚葬則以傘蓋墓上期年而後焚之性多慓悍出入帶利刀雖睚眦之仇必報也近經禁誡漸循禮法

㚬

青仲家在古州清江丹江等處以青
布蒙頭服色俱尚青女子色白而艷
工踊善奕以擲毬爲樂所私曰馬郎
夜則與之歡父母知而不禁惟避其兄
婚姻自苟合所歡後則聘以牛酒不
知正嫡文字以木刻爲信

捌

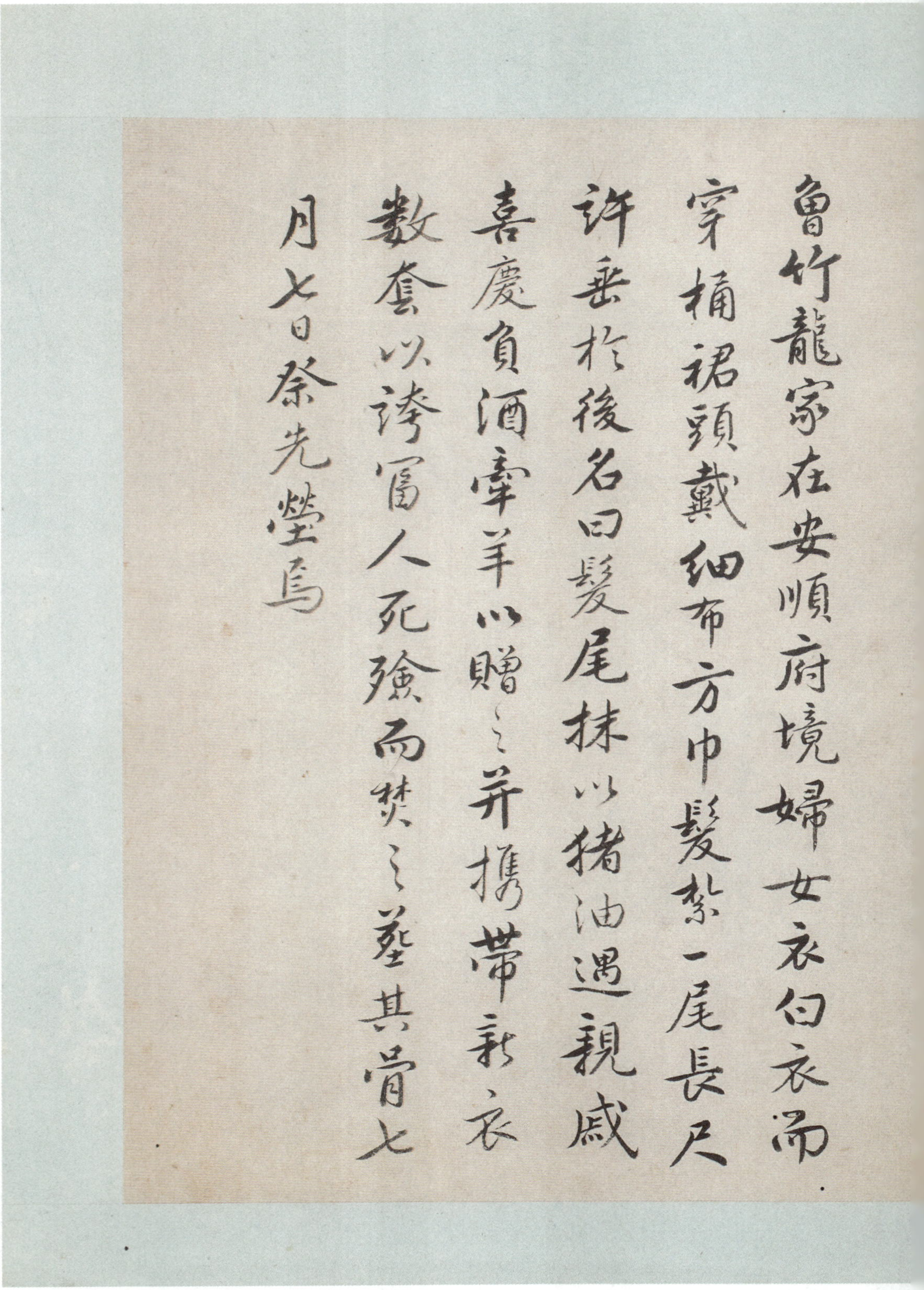
曾竹龍家在安順府境婦女衣白衣而穿桶裙頭戴細布方巾髮紮一尾長尺許垂於後名曰髮尾抹以豬油遇親戚喜慶負酒牽羊以贈之并攜帶新衣數套以誇富人死殮而焚之瘞其骨七月七日祭先塋焉

狗耳龍家在安順大定等府及廣順州之康佐司男子蒙頭而不冠女人辮髮螺髻束布結頂餘遂指若狗耳狀衣斑衣以五色藥珠為飾立春日竪木于野謂之鬼竿未婚男女跳躍而擇配焉奔則女家以牛馬贖之乃通媒妁

拾

馬鐙龍家在鎮寧之谷西堡頂
營司之間多劉趙張等姓耕
種為業衣尚白喪則易之以青
婦人緇布作冠若馬鐙然

大頭龍家鎮寧普定有之男戴竹笠女穿土色衣青短裙飲馬鬃雜髮盤結如蓋故有大頭龍家之名男女俱勤耕力作

花苗在大定安順遵義貴陽等屬無姓氏性戇而畏法俗陋而力勤衣用青白敗布緝條相間以織成其領袖洞其中從頂籠下或中分半幅而交纏於項每歲孟春擇平地為月場未婚者男吹笙女振鈴歌舞戲謔以終日暮則挈所私以歸近亦用媒妁聘貲視女之妍媸為盈縮成婚于女家越宿乃同歸喪則親族攜酒肉以賻環哭盡哀三七則攜雞一隻飯一盂酒一瓶往祭之延巫持咒謂之放七祭畢碟雞碎瓶謂之鬼散遂不用棺斂手足而瘞之卜地擲以雞子不破者為吉病不服藥惟宰牲盛饌禱于鬼雖破家不悔也苗類大率如此

卡

紅苗在銅仁府多龍吳石麻白等姓衣服悉用斑絲女工以此為務若同類相鬪必婦人勸方解五月寅日夫婦各宿不敢言不出戶以避鬼神忌白虎凡牲畜以火去毛微煮帶血食之人死以其衣裝像衆皆擊鼓名曰吊右

苗

白苗在龍里貴定黔西地方衣尚白男子科頭跣足婦人盤髻長簪祀祖則擇大牯牛頭角端正者飼之肥壯乃合各寨之牛鬪於曠野勝者為吉即卜期屠之以祭主祭者服白衣青套細摺長裙祭畢合親族聚飲以為歡

青苗在黔西鎮寧及修文貴筑境
内衣尚青婦人以青布籠髻上裝
九華巾男力子竹笠草履性情
獷悍今則馴良在大定之平遠
者又名箐苗

黑苗在都勻之八寨丹江鎮遠之清江黎平之古州族類多而習俗各異衣服皆尚黑男女俱跣足陟岡巒蹈荆榛捷如猿猱性悍而好鬭頭插白翎出入必携剽鎗藥弩環刀等器自雍正十三年勦撫後兇稍歛寒無重衣夜無卧具食惟糯稻舂甚白炊熟必成團而受冷食佐以野蔬寒泉皆掬以手每至孟春各寨擇地為笙塲不拘老幼以竹為笙頭笙長丈餘能吹者為歌師尾笙最短音次者口吹跳舞以為歡赤足頓地以為節其聲似鼓至元宵屠牛祭鬼以賽豐年女子所私謂之阿妹死則所私者各插竹於墳而繫以色線

東苗在貴筑修文龍里清平清鎮廣順等州縣有族無姓婦人衣花衣無袖唯兩幅遮前後裙細褶而短男子蓄頂髮短衣花背每歲中秋合寨屠牛設饌以祭祖及族之亡故者延鬼師循序而呼鬼之名祭畢集親屬劇飲徹晝夜乃已每春獵于山獲禽亦必薦知禮法而畏見官長急公服役比於良民

十八

西苗有馬謝何羅雷等姓在貴陽平越二府屬娶婦夫必異寢婦則旁通孕後乃同室每歲十月收穫合衆牛于野延善祝者披寬大毡衣帬圍細摺毡帽皮靴歌祝導於前童男女百十輩青衣綵帶吹笙舞蹈隨之歷三晝夜乃殺牛以賽豐年名曰祭白虎性質實畏法少爭訟

天苗在平越府一名天家多姬姓情柔順不喜鬬勤儉安貧近多讀書應試者婦人工織善染以仲冬朔為大節其在陳蒙爛土天壩者緝樹葉為衣著短裙女子年及笄構竹樓野處未婚男子吹笙以誘之人死不葬用籐蔓束之樹間

二十

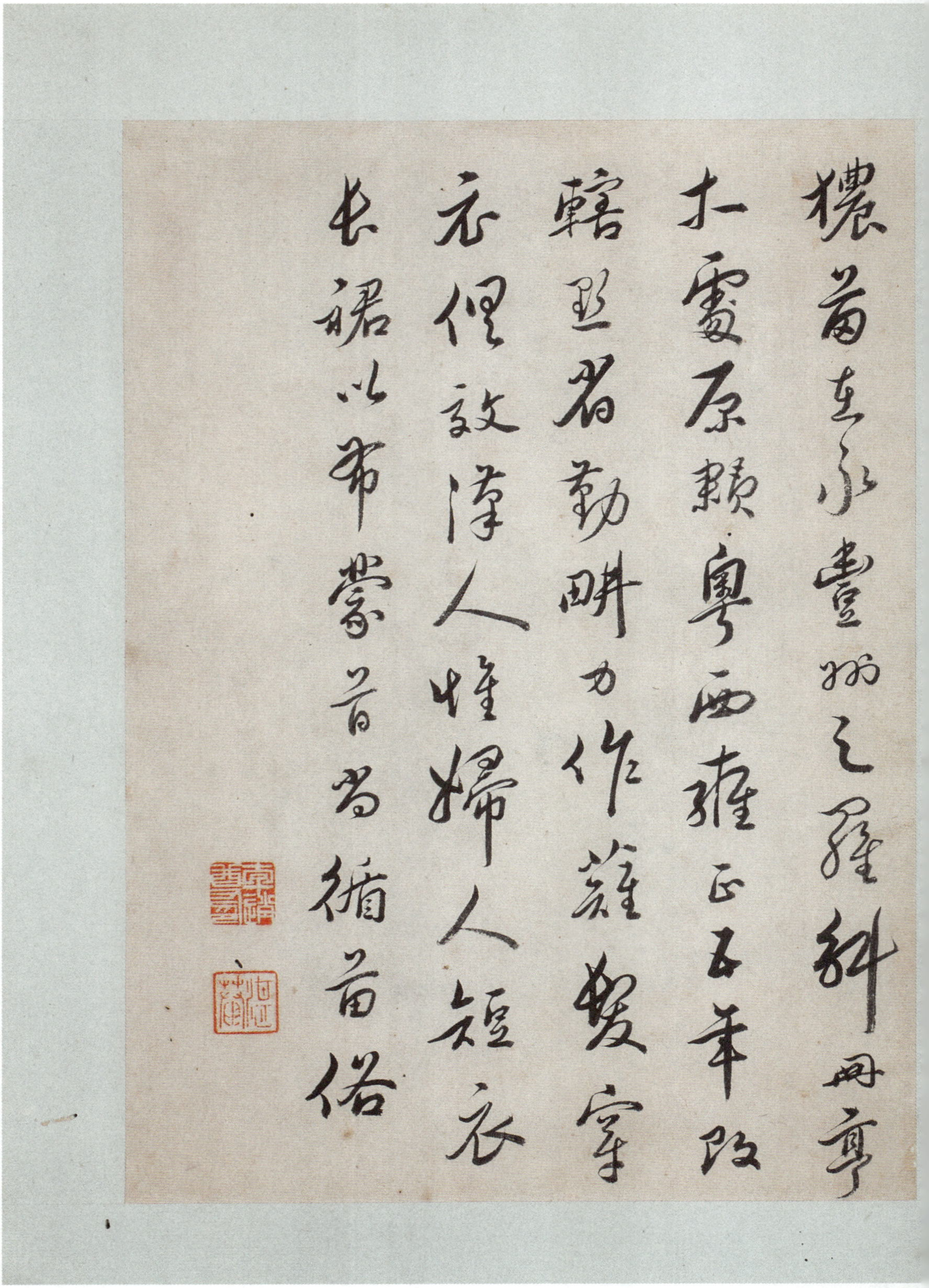

儂苗在永豐州之羅斛丹亭
本處原隸粵西雍正五年改
轄黔省勤耕力作薙髮穿
衣俱效漢人婦人短衣
長裙以布蒙首尚猶苗俗

二十一

打牙犵狫在黔西清平平越等州縣女子將嫁必折去門牙二齒恐妨夫家即所謂鑿齒之民也其分前髮披後蓋取齊眉之意又名犵獠種類五各分黨類不通婚姻蓬頭赤足輕生死黨織罽一幅橫圍腰間旁無襞積謂之桶裙男女同製五種皆如之

二十二

剪頭犵狫在貴定施秉二縣及平遠州又名剪毛犵狫男女皆蓄髮寸許勤耕力作死則積薪焚之

二十三

猪屎犵狫石阡蔡平古州平遠清平皆有之身面經年不滌所窩甚穢與犬豕守同得獸即咋食如狼男子出入則佩刀弩有仇必報若獨力無能則備牛酒以款之力者即片肉卮酒不捐軀死則以牛償之在清平者通漢語而受約束

二十四

紅犵狫親死殮以棺而不瘞置崖
穴間或臨大河不施蔽蓋而傍
樹木主曰親家殿廣順平遠
清平皆有之

花犵狫又名犵兜在鎮遠之施秉
石阡之龍泉平越之黃平男子懶
畊而好獵女以通麂羅罹為事
婦女衣則編五綵于袖間週身
繡以蠶繭纍纍如貫珠乃古犵
狫之遺

二十六

水犵猪在施秉餘慶之間善捕魚
陰冬能入深淵故名水犵猪男子衣
服與漢人同婦人雖不穿桶裙然細
褶長裙亦苗俗也守法畏官姻婚喪祭俱
如漢禮今則於五種犵猪之外另添數種
名色乃照通志彙入耳

二十七

鍋圈犵狫在平遠州性嗜酒而惰農業男子以所織斜紋布為衣婦人以青帕束髮盤如鍋圈病不服藥用紅綠線飾席頭于簸箕內延鬼師禱之

二十八

披袍犵狫亦在平遠州男女所穿
裹衣長尺餘外披一袍前短後長
鑿竅為領桶裙亦以羖羊毛織
成性淳謹勤耕作

二九

狇狫有王黎金文等性散處各州縣冬則
掘地為爐厝火環卧以牛衣藉之無被席
祀鬼用草龍插五色旗往祭郊外遇
節歌舞為歡在都匀清平者服與漢仝
親死有斬衰而無苴絰長子居喪七不
沐浴不踰戶若貧不能守或次子或長
孫代之尊敬師長教訓綦嚴故子弟
近多入泮者

二十

犵獞在荔波縣男善耕作女工織紡衣短而裙可遮膝親死而歌無棺槨鑲木板以殮之葬則哭泣其子女守墳三日而後返

卅

僰人在普安州多營司男
女皆披氈衣垢不沐浴性
淳而佞佛凡猓玀狆家
犵狫言語不相諳者以
彼通之

土人各處皆有之在貴陽廣順者
與軍民通婚媾男好貿易女勤
力作種植時田歌相和清越可
聽歲首於儺擊鼓以唱神歌
所至之家皆飲食之在卬水
者最喜鬬今則悍俗還淳矣

蠻人在新添丹行二司男披艸蓑婦着
青衣花布短裙喪葬宰牛歌之舞性獷悍
好魚獵以十月晦為節則祭鬼焉在思南
府之沿河司有丹家蠻俗類相同

三十四

凊人皆在下游而洪州尤衆性多猜忌夫婦出入必
偶飲食碎塩醬冬則採蘆花以禦寒

三十又

徭人盖雍正年間自粵遷黔者居無定址喜傍溪樹皮接水以免出汲耕作之餘入山採藥沿寨行醫所祀之神名曰槃瓠所藏之書名曰旁礴所珍秘之圓印其篆文義不可解風俗謹厚見遺不拾也貴定清平獨山等處有之

三十六

楊保立為家諸孫之孫
之百婢用婢約舞祭之
不挽里之怜之禮但性
殘而擴凡省些楊用抗拒
不生經以老決之

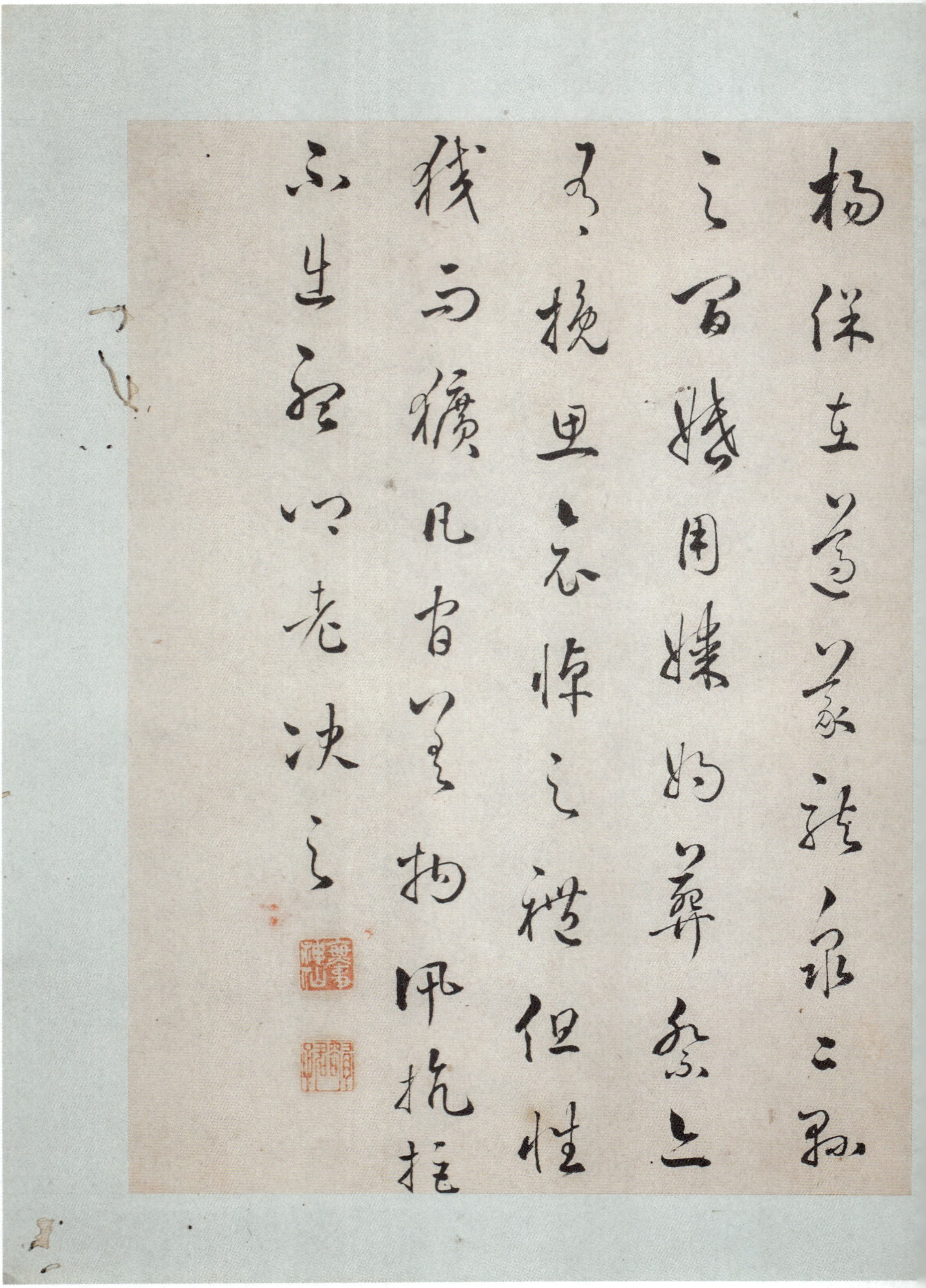

三十七

犵獚在都匀黎平石阡等府
及施秉龍泉餘慶龍里等縣
多楊龍張石歐等姓男子計
口而耕女子度身而織暇則
挾戈操笱以漁獵婚喪牽犬
以饋所居荆壁不塗門戶不
扃出入則以泥封之

二十八

九股苗在興隆衞凱里司乃黑苗同類也古種田武
侯南征戮之殆盡僅存九人遂為九股苗散處蔓
延地廣族繁性慓悍頭戴鉄盔前有護面後無遮
肩身披鐵甲及臍而止下用鉄鍊圍身鉄片纏腿
健者能左手執木牌右手持剽桿口啣利刀行走
如飛携帶強弩名曰偏架三人共張矢無不貫雍正
十年勦撫兼施搜繳甲兵建城安汛焉

二十九

八番苗在定番州衣與漢同其俗女勞
男逸日出而耕日入而織穫稻和稭儲
之刳木為臼曰椎塘踏期搖取稻把
入臼舂之宴會擊長腰鼓以為懽十
月朔為大節娶不擇期夜靜出之
謂不忍使吾親知云

四十

紫薑苗在黄平清平及丹江城等處與獨山州之九名九姓同類輕生好鬬得仇人輒生啖其肉以十一月朔為節是日閉門不出犯者以為不祥在平越者間入行伍多力善戰及讀書考試見之不識其為苗也

四十一

附　录

附表一：京都大学藏苗图五种各民族排列表

进贡苗蛮图	苗族画谱	滇省苗图	黔省苗图	苗　图
4329-1 马镫笼家	①-1 黑猓猡	1 阿者猡猡	1 犵犷苗	1 罗汉苗
4329-2 八寨黑苗	①-2 女官	2 鲁屋猡猡	2 杨保苗	2 猓猡
4329-3 清江土司	①-3 白猓猡	3 麦岔	3 九股苗	3 白猓罗
4329-4 平伐苗	①-4 宋家苗	4 嫚且	4 青苗	4 宋家
4329-5 协角蔡家	①-5 蔡家苗	5 麽些	5 黑苗	5 蔡家
4329-6 水家苗	①-6 卡尤狆家	6 樸喇	6 白猓猡	6 卡笼狆家
4329-7 罗汉苗	①-7 补笼狆家	7 扯苏	7 猺人	7 补笼狆家
4329-8 黑狆家	①-8 青狆家	8 白人	8 狆家苗	8 青狆家
4329-9 秧苗	①-9 曾竹龙家	9 侬人	9 马镫龙家苗	9 曾竹龙家
4329-10 卡尤狆家	①-10 狗耳龙家	10 撒弥	10 土人	10 狗耳龙家
4329-11 短裙苗	①-11 马镫龙家	11 利米	11 紫姜苗	11 马镫龙家
4329-12 蛮人	①-12 大头龙家	12 摩察	12 谷蔺苗	12 大头龙家
4329-13 九名九姓苗	①-13 花苗	13 普岔	13 猓猡	13 花苗
4329-14 红�	①-14 红苗	14 干猡猡	14 蔡家苗	14 红苗
4329-15 洪州苗	①-15 白苗	15 怒人	15 狇狫狑狪猺獞[1]	15 白苗
4329-16 宋人	①-16 青苗	16 妙猡猡	16 六额子	16 青苗
4329-17 西苗	①-17 黑苗	17 僰夷	17 木狫	17 黑苗
4329-18 里民子	①-18 东苗	18 窝泥	18 秾苗	18 东苗
4329-19 杨广苗	①-19 西苗	19 俅人	19 八番	19 西苗
4329-20 六额子	①-20 夭苗	20 罗婺	20 补笼苗	20 夭苗
4329-21 楼居苗	①-21 �苗	21 海猓猡	21 僰人	21 狪苗

续表一

进贡苗蛮图	苗族画谱	滇省苗图	黔省苗图	苗　图
4329-22土目	②-1打牙犵狫	22土獠	22天苗	22打牙犵狫
4329-23马鞯苗	②-2剪头苗	23莽子	23白苗	23剪头犵狫
4329-24僰人	②-3猪屎犵狫	24⿰犭票獥	24宋家苗	24猪屎犵狫
4329-25⿰犭革兜苗	②-4红犵狫	25蒲人	25犵兜	25红犵狫
4329-26六洞夷人	②-5犵猊苗	26峨昌	26峒人	26花犵苗
4329-27袊家苗	②-6水犵狫	27苦葱	27罗汉苗	27水犵狫
4329-28木⿰犭革狫	②-7锅圈犵狫	28麽些	28红苗	28锅圈犵狫
4329-29紫姜苗	②-8披袍犵狫	29西番	29平伐苗	29披袍犵狫
4329-30毛搭狆家	②-9狇狫	30老挝	30花苗	30狇狫
4329-31克孟牯羊苗	②-10犵獞	31⿰犭剌⿰犭雞	31西苗	31犵獞
4329-32白猓猡	②-11僰人	32缥人	32龙家苗	32僰人
4329-33黑山九股苗	②-12土人	33狜猔	33锅圈犵狫	33土人
4329-34土⿰犭革狫	②-13蛮人	34缅目	34水犵狫	34蛮人
4329-35谷蔺苗	②-14峒人	35西番苗	35蛮人	35肻人
4329-36土狫	②-15猺人	36短裙苗	36剪发犵狫	36猺人
4329-37东苗	②-16杨保苗	37天⿰犭家苗	37披袍犵狫	37杨保苗
4329-38花狆家	②-17⿰犭羊犷苗		38打牙犵狫	38⿰犭羊獚苗
4329-39青苗	②-18九股苗		39克孟牯羊苗	39九股苗
4329-40黑笼家	②-19八番苗		40犵狫	40八番苗
4329-41葫芦苗	②-20紫姜苗			41紫姜苗
4329-42猪豕⿰犭革狫	②-21谷蔺苗			
4329-43披裙苗	③-1⿰犭羊洞罗汉			
4329-44黑额子	③-2克孟牯羊苗			
4329-45车寨苗	③-3洞苗			
4330-1土目	③-4箐苗			
4330-2车寨苗	③-5狑家苗			
4330-3翦头⿰犭革狫	③-6狪家苗			
4330-4西溪苗	③-7狄家苗			
4330-5六洞夷人	③-8六额子			
4330-6袊家苗	③-9白额子			
4330-7僰儿子	③-10冉家蛮			

进贡苗蛮图	苗族画谱	滇省苗图	黔省苗图	苗　图
4330-8楼居苗	③-11九名九姓苗			
4330-9黑种	③-12爷头苗			
4330-10箐苗	③-13洞崽苗			
4330-11毛搭狆家	③-14八寨苗			
4330-12红苗	③-15楼居苗			
4330-13白狆家	③-16黑山苗			
4330-14清江黑苗	③-17黑生苗			
4330-15红猹狫	③-18高坡苗			
4330-16罗汉苗	③-19平伐苗			
4330-17短裙苗	③-20黑狆家			
4330-18�子	④-1清江苗			
4330-19黑脚苗	④-2清江狆家			
零册-1斧头苗	④-3里民子			
零册-2曾竹笼家	④-4白儿子			
零册-3克孟牯羊苗	④-5白龙家			
零册-4蛮人	④-6白狆家			
	④-7土犵狫			
	④-8鸦雀苗			
	④-9葫芦苗			
	④-10洪州苗			
	④-11西溪苗			
	④-12车寨苗			
	④-13生苗			
	④-14黑脚苗			
	④-15黑楼			
	④-16短裙苗			
	④-17尖顶苗			
	④-18郎慈苗			
	④-19罗汉苗			
	④-20六洞夷人			

1 狄徉狑狪猺獞分别对应狄家苗、徉犷苗、狑家苗、狪家苗、猺人、犵獞。

附表二：六种苗图比较表

百苗图抄本汇编	进贡苗蛮图	苗族画谱	滇省苗图	黔省苗图	苗　图
倮㑩		①-1黑猓猡		13猓猡	2猓猡
罗鬼女官		①-2女官			
白倮㑩	4329-32白猓猡	①-3白猓猡		6白猓猡	3白猓罗
宋家苗	4329-16宋人	①-4宋家苗		24宋家苗	4宋家
蔡家苗	4329-5协角蔡家	①-5蔡家苗		14蔡家苗	5蔡家
卡尤仲家	4329-10卡尤狆家	①-6卡尤狆家			6卡笼狆家
补笼仲家		①-7补笼狆家		20补笼苗	7补笼狆家
青仲家	4329-39青苗	①-8青狆家		4青苗	8青狆家
曾竹龙家	零册-2曾竹笼家	①-9曾竹龙家			9曾竹龙家
狗耳龙家		①-10狗耳龙家		32龙家苗	10狗耳龙家
马蹬龙家	4329-1马蹬笼家	①-11马蹬龙家		9马蹬龙家苗	11马蹬龙家
大头龙家		①-12大头龙家			12大头龙家
花苗		①-13花苗		30花苗	13花苗
红苗	4330-12红苗	①-14红苗		28红苗	14红苗
白苗		①-15白苗	8白人	23白苗	15白苗
青苗		①-16青苗			16青苗
黑苗		①-17黑苗		5黑苗	17黑苗
剪发仡佬	4330-3翦头猼狫	②-2剪头苗		36剪发犵狫	23剪头犵狫
东苗	4329-37东苗	①-18东苗			18东苗
西苗	4329-17西苗	①-19西苗		31西苗	19西苗
夭苗		①-20夭苗	37夭猭苗	22夭苗	20夭苗
依苗		①-21狁苗	9侬人	18秾苗	21狁苗
打牙仡佬		②-1打牙犵狫		38打牙犵狫	22打牙犵狫
猪屎仡佬	4329-42猪豕猼狫	②-3猪屎犵狫			24猪屎犵狫
红仡佬	4330-15红猼狫	②-4红犵狫			25红犵狫
花仡佬	4329-25猼兜苗	②-5犵猊苗		25犵兜	26花犵苗
水仡佬		②-6水犵狫		34水犵狫	27水犵狫
锅圈仡佬		②-7锅圈犵狫		33锅圈犵狫	28锅圈犵狫
土人		②-12土人		10土人	33土人
披袍仡佬		②-8披袍犵狫		37披袍犵狫	29披袍犵狫
木佬	4329-28木猼狫	②-9狇狫		17木狫	30狇狫

百苗图抄本汇编	进贡苗蛮图	苗族画谱	滇省苗图	黔省苗图	苗　图
仡僮		②-10犵獞			31犵獞
蛮人	4329-12蛮人 零册-4蛮人	②-13蛮人		35蛮人	34蛮人
僰人	4329-24僰人	②-11僰人		21僰人	32僰人
峒人		②-14峒人		26峒人	35峝人
徭人		②-15猺人		7猺人	36猺人
杨保苗		②-16杨保苗		2杨保苗	37杨保苗
佯僙苗	4329-19杨广苗	②-17羊犷苗		1羊犷苗	38羊獚苗
九股苗	4329-33黑山九股苗	②-18九股苗		3九股苗	39九股苗
八番苗		②-19八番苗		19八番	40八番苗
紫姜苗	4329-29紫姜苗	②-20紫姜苗		11紫姜苗	41紫姜苗
谷蔺苗	4329-35谷蔺苗	②-21谷蔺苗		12谷蔺苗	
阳洞罗汉苗		③-1羊洞罗汉			
克孟牯羊苗	4329-31克孟牯羊苗 零册-3克孟牯羊苗	③-2克孟牯羊苗		39克孟牯羊苗	
洞苗		③-3洞苗			
箐苗	4330-10箐苗	③-4箐苗			
伶家苗		③-5狑家苗			
侗家苗		③-6狪家苗			
水家苗	4329-6水家苗	③-7�家苗			
六额子	4329-20六额子	③-8六额子		16六额子	
白额子		③-9白额子			
冉家蛮		③-10冉家蛮			
九名九姓苗	4329-13九名九姓苗	③-11九名九姓苗			
爷头苗	零册-1斧头苗	③-12爷头苗			
洞崽苗		③-13洞崽苗			
八寨黑苗	4329-2八寨黑苗	③-14八寨苗			
清江苗	4330-14清江黑苗	④-1清江苗			
楼居黑苗	4329-21楼居苗 4330-8楼居苗	③-15楼居苗			
黑山苗		③-16黑山苗			
黑生苗		③-17黑生苗			

续表二

百苗图抄本汇编	进贡苗蛮图	苗族画谱	滇省苗图	黔省苗图	苗　图
高坡苗		③-18高坡苗			
平伐苗	4329-4平伐苗	③-19平伐苗		29平伐苗	
黑仲家	4329-8黑狆家	③-20黑狆家			
清江仲家		④-2清江狆家			
里民子	4329-18里民子	④-3里民子			
白儿子		④-4白儿子			
白龙家		④-5白龙家			
白仲家	4330-13白狆家	④-6白狆家			
土仡佬	4329-34土猼狫	④-7土犵狫			
鸦雀苗		④-8鸦雀苗			
葫芦苗	4329-41葫芦苗	④-9葫芦苗			
洪州苗	4329-15洪州苗	④-10洪州苗			
西溪苗	4330-4西溪苗	④-11西溪苗			
车寨苗	4329-45车寨苗 4330-2车寨苗	④-12车塞苗			
生苗		④-13生苗			
黑脚苗	4330-19黑脚苗	④-14黑脚苗			
黑楼苗		④-15黑楼			
短裙苗	4329-11短裙苗 4330-17短裙苗	④-16短裙苗	36短裙苗		
尖顶苗		④-17尖顶苗			
郎慈苗		④-18郎慈苗			
罗汉苗	4329-7罗汉苗 4330-16罗汉苗	④-19罗汉苗		27罗汉苗	1罗汉苗
六洞夷人	4329-26六洞夷人 4330-5六洞夷人	④-20六洞夷人			
				15狇狘狑狪猺獞	
以下诸民族尚未确定其对应关系					
			1阿者猡猡	8狆家苗[1]	
	4329-3清江土司		2鲁屋猡猡	40犵狫	
	4329-9秧苗		3麦岔		
	4329-22土目 4330-1土目		4嫚且		

百苗图抄本汇编	进贡苗蛮图	苗族画谱	滇省苗图	黔省苗图	苗　图
	4329-23马鞯苗		5麽些		
	4329-27衿家苗 4330-6衿家苗		6馍喇		
	4329-30毛搭狆家 4330-11毛搭狆家		7扯苏		
	4329-36土犵		10撒弥		
	4329-38花狆家		11利米		
	4329-40黑笼家		12摩察		
	4329-43披裙苗		13普岔		
	4329-44黑额子		14干猡猡		
	4330-7僰儿子		15怒人		
	4330-9黑种		16妙猡猡		
	4330-18�子		17僰夷		
			18窝泥		
			19猓人		
			20罗婺		
			21海猓猡		
			22土獠		
			23莽子		
			24缥獭		
			25蒲人		
			26峨昌		
			27苦葱		
			28麽些		
			29西番		
			30老挝		
			31猁獭		
			32缥人		
			33犵猔		
			34缅目		
			35西番苗		

1 图与卡笼狆家相近。